VLM

ER will dein Hirte sein

Erfülles Leben
mit Psalm 23

Helmut Sigle (Hg.)

Verlag der
Liebenzeller Mission
Lahr

VORWORT

Erfülltes Leben mit Psalm 23?
Ein hoher Anspruch. Zu hoch für jene, die in dem Hirtenlied nicht mehr als sentimentale Lyrik finden. Andere sehen in diesen konzentrierten Versen ein Meisterwerk biblischer Poesie. Psalm 23 ist mehr. Dieser Psalm bietet tröstliche Erfahrung und stärkendes Bekenntnis des Mannes, der von den Schafhürden weg zum König Israels berufen wurde: David.

Nicht in blasser Theorie ist sein Hirtenlied entstanden, nicht in sicherer Distanz von allem Leid, das Menschen sich zufügen. Vielmehr in Unterdrückung und Verfolgung, in Schuld und Versagen, aber auch in Sieg und Jubel hat David die Führung und Fürsorge, den Trost und die Treue Jahwes, des Hirten Israels, erfahren. Nur aus dieser Glaubenserfahrung heraus konnte David sein Lied anstimmen von dem Herrn, der in guten wie in bösen Tagen und nicht zuletzt in Finsternis und Todesgefahr nahe ist, wie ein guter Hirte dem bedrohten und geängstigten Schaf.

Darum wiegt sein Bekenntnis so schwer: »Ich fürchte kein Unglück, denn du bist bei mir.« Das heißt ja: Bei dir bin ich geborgen.

»Wer könnte mir schaden, bist du in Gnaden mir zugetan.« So beschreibt Helmut Lamparter das Geborgensein in seinen Liedstrophen zum 23. Psalm, die den Schriftgrafiken zugeordnet sind. Darin erfährt der Hirtenpsalm neutestamentliche Deutung. Wo ist solch tröstliche Geborgenheit zu finden, wenn nicht bei dem einen, der gesagt hat: »Ich bin der gute Hirte.« Durch ihn wird der Davidpsalm heute für uns lebendig. »ER« ist das Geheimnis eines erfüllten Lebens. Darum: ER will dein Hirte sein, heute, morgen und für immer.

Helmut Sigle

PSALM 23

DER HERR IST MEIN HIRTE
mir wird nichts mangeln.
Er weidet mich auf einer grünen Aue
und führet mich zum frischen Wasser.
Er erquicket meine Seele.
Er führet mich auf rechter Straße
um seines Namens willen.
Und ob ich schon wanderte im
finstern Tal, fürchte ich kein Unglück;
denn du bist bei mir, dein Stecken
und Stab trösten mich. Du bereitest
vor mir einen Tisch im Angesicht
meiner Feinde. Du salbest mein Haupt
mit Öl und schenkest mir voll ein.
Gutes und Barmherzigkeit werden
mir folgen mein Leben lang,
und ich werde bleiben im Hause
des HERRN immerdar.

Der HERR ist mein Hirte

Der HERR ist mein Hirte,
wie weit sich verirrte
mein trotziger Sinn,
ER hat mich mit Sorgen
gesucht und geborgen
Sein eigen ich bin.

Du Hirte Israels, höre, der du Joseph hütest wie Schafe! Gott, tröste uns wieder und laß leuchten dein Antlitz, so genesen wir.

Psalm 80, 2. 4

Wieviel Herablassung liegt darin, daß sich der erhabene Gott zum Hirten seines Volkes macht! Tiefe Dankbarkeit sollte uns erfüllen, daß der große Gott auf diese Weise seine Liebe und Fürsorge für sein Volk offenbart.

David ist selbst ein Hirte gewesen. Er kannte die Bedürfnisse der Schafe und die Pflichten des Hirten. Er vergleicht sich mit diesen schwachen, wehrlosen Geschöpfen und wendet sich an Gott als seinen Versorger, Erhalter und Führer. Aber niemand hat das Recht, sich als Schaf des Herrn zu betrachten, wenn sein innerstes Wesen nicht erneuert ist. Das Schaf ist kein wildes Tier, sondern gehört zu den Haustieren. Für den Besitzer ist es darum so wertvoll, weil es für einen teuren Preis gekauft worden ist. Charles Haddon Spurgeon

Wie ein Hirt dein Volk zu weiden,
ließest du dich mild herab.
Reich an Segen, reich an Freuden,
weidet uns dein Hirtenstab.

Nimm, o nimm dich deiner Herde,
großer Hirt, auch meiner an!
Und durch jeden Kreis der Erde
weitre sich dein Hirtenplan!

Karl Bernhard Garve

Wir gingen alle in die Irre wie Schafe, ein jeder sah auf seinen Weg. Jesaja 53, 6

Dr. Friedrich Wilhelm Baedeker, Gründer einer höheren Schule in England, wurde 1866 zu einer Evangelisation eingeladen. Zögernd ging er hin, hörte die Botschaft vom suchenden Hirten. Eines Abends bat ihn der Evangelist in ein Nebenzimmer. Nach einem ernsten Gespräch knieten sie nieder, um zu beten. In Dr. Baedeker ging etwas Besonderes vor, sein jahrelanger Unglaube verschwand. Er beugte sich vor Gott und vertraute sein Leben dem guten Hirten an. Die Freude über seine Errettung erfüllte sein Herz. Er beschreibt es so: „Ich ging hinein als ein stolzer, deutscher Ungläubiger und kam heraus als ein gedemütigter, gläubiger Jünger des Herrn. Gott sei gepriesen.“ Nach Karl Weber

Lange ging ich in die Irre,
kannte meinen Hirten nicht,
und mich zog der Welt Gewirre,
aber Frieden fand ich nicht.

Gottes Sohn, du Herr vom Himmel,
selbst den Tod littst du für mich!
Ist es möglich! Gott vom Himmel,
stirbst für mich, verblutest dich?

Seit mein Glaube dies gefunden,
kenne meinen Hirten ich,
kenne ihn an seinen Wunden,
und er kennt und liebt auch mich.

Chr. Heinrich Zeller

Ich will das Verlorene wieder suchen und das Verirrte zurückbringen und das Verwundete verbinden und das Schwache stärken.

Hesekiel 34, 16

Dieses Hirtenwort wurde zur Lebenslosung von Cäcilie Petersen, der Gründerin und Oberin des Diakonissen-Mutterhauses Salem, Berlin-Lichtenrade.

Als sie 18 Jahre alt war, wurde sie von ihren Eltern zu einem Evangelisationsvortrag in Sonderburg eingeladen. Nur widerstrebend ging sie mit. Es zog sie mehr zum Schlittschuhlaufen auf das Eis. Doch spürte sie bald unter der vollmächtigen Verkündigung den Zug der Gnade. Sie kam in innere Nöte über Sünde und Verlorensein. Unter dem Wort Jesaja 43, 1: „Fürchte dich nicht, denn ich habe dich erlöst; ich habe dich bei deinem Namen gerufen, du bist mein“, fand sie Frieden und übergab ihr Leben dem Herrn Jesus Christus.

Nach Wilhelm Schneider

Ich lief verirrt und war verblendet,
ich suchte dich und fand dich nicht;
ich hatte mich von dir gewendet
und liebte das geschaffne Licht.
Nun aber ist's durch dich geschehn,
daß ich dich hab ersehn.

Johann Scheffler

Da er aber noch ferne von dannen war, sah ihn sein Vater, und es jammerte ihn, lief und fiel ihm um seinen Hals und küßte ihn.

Lukas 15, 20

Das ewige Leben ist ein Geschenk Gottes an jene, die es nicht verdienten.

Als der verlorene Sohn heimkam, wurde er von der Gnade empfangen und umarmt.
Das Gesetz sagte: Steinigt ihn!
Die Gnade sagte: Umarmt ihn!
Das Gesetz sagte: Zerschmettert ihn!
Die Gnade forderte: Küßt ihn!
Das Gesetz verfolgte ihn und warf ihn in Ketten.
Die Gnade sagte: Befreit ihn, laßt ihn gehen!
Das Gesetz sagt mir, wie verdorben ich bin.
Die Gnade macht mich neu. Dwight L. Moody

Gnade, die Jesus uns zugewandt,
die unsre Schuld und Sünde bedeckt,
strömet von Golgatha weit ins Land,
dort hat dein Heiland den Tod geschmeckt.
Gnade, Gnade, Gnade vergibt dir
und reinigt dich.
Gottes Gnade bringt die Errettung
für dich und mich.

J. H. Johnston

Er kam in sein Eigentum; und die Seinen nahmen ihn nicht auf. Wie viele ihn aber aufnahmen, denen gab er Macht, Gottes Kinder zu werden, die an seinen Namen glauben.

Johannes 1, 11. 12.

„Ich dachte mit 18, ich wollte erst Christ werden, wenn es ans Sterben ginge. Vorerst wollte ich die Freuden des Lebens nach Kräften genießen. Als ich zu Christus kam, bedeutete es einen schweren Kampf für mich, meinen eigenen Willen aufzugeben und Gottes Willen anzunehmen."

So berichtet der Evangelist D. L. Moody (1837 bis 1899). Als er als junger Kaufmann damit beschäftigt war, Schuhe ins Regal zu stapeln, sprach ihn ein Mitarbeiter seiner Kirche an und ermutigte ihn, zu Christus zu kommen. Moody war innerlich reif und bereit, an Ort und Stelle sein Leben in die Hand Jesu Christi zu legen. Am nächsten Morgen schien es ihm, als leuchte die Sonne heller als je zuvor: „Mir war, als wäre ich in die ganze Schöpfung verliebt."

Du hast mir's Herz gewonnen,
du Freund von Golgatha.
Die Welt ist mir zerronnen,
seitdem ich dich ersah.
Ich hab nur ein Verlangen,
nur eine Leidenschaft:
an dir allein zu hangen
mit meiner ganzen Kraft.

Johannes Roos

Ich bin der gute Hirte. Der gute Hirte läßt sein Leben für die Schafe. Johannes 10, 11

Albert Knapp, der spätere Stadtpfarrer in Stuttgart und begnadete Liederdichter, wurde 1814 in das theologische Seminar Maulbronn aufgenommen. Hier zog ihn an einem Sonntag, da die alte Klosterkirche offenstand, ein Freskogemälde an, auf dem Johannes und Maria zu Christus am Kreuz emporsehen. Beim stillen Anschauen der Martergestalt Jesu durchdrang ihn der Gedanke: „Du bist das ewige Leben, du bist meiner Seele Heil; wäre ich dein, so wäre mir geholfen."

Weinend sank er auf die Knie und bat den Gekreuzigten, er möge ihn als sein ewiges Eigentum behalten.

Aus diesem Sehnen heraus ist dann später das Lied entstanden:

Eines wünsch ich mir
vor allem andern,
eine Speise früh und spät;
selig läßt's im Tränental
sich wandern,
wenn dies Eine mit uns geht:
Unverrückt auf einen Mann zu schauen,
der mit blutgem
Schweiß und Todesgrauen
auf sein Antlitz niedersank
und den Kelch des Vaters trank.

Albert Knapp

Da nun Jesus den Essig genommen hatte, sprach er: Es ist vollbracht! und neigte das Haupt und verschied. Johannes 19, 30

Hudson Taylor (1832–1905), der Gründer und Wegbereiter der China-Inlandmission, durchlitt in jungen Jahren manche innere Kämpfe und Glaubenszweifel. Eines Tages – er war etwa 17 Jahre alt – durchsuchte er die Bibliothek seines Vaters nach einem interessanten Lesestoff. Er nahm zögernd eine kleine Schrift zur Hand, die das „Vollendete Werk Christi" behandelte. Er überlegte, warum es nicht das versöhnende oder stellvertretende Werk Christi genannt wurde. Da durchzuckten ihn die Worte: „Es ist vollbracht!" Was ist vollbracht? Er wußte die Antwort: „Das ganze Werk der Versöhnung ist vollbracht, und alle Schuld ist bezahlt, seine und die der ganzen Welt." Seine Frage: „Was bleibt dann für mich zu tun übrig?" fand schnelle Antwort durch eine vom Heiligen Geist gewirkte Überzeugung, daß es nichts zu tun gab als auf die Knie zu fallen und diesen Erlöser anzunehmen und seine Errettung jetzt und in Ewigkeit zu preisen!

Nach H. u. G. Taylor

O du Lamm Gottes, du hast auf Golgatha
herrlich gesieget! Amen, Halleluja!
Du hast erworben Heil für die ganze Welt
und hast aufs völligste gezahlt das Lösegeld.
Du riefst mit lauter Stimm durchs Todes Nacht:
„Es ist vollbracht, es ist vollbracht!"

Dora Rappard

mir wird
nichts
mangeln

Unter seinem sanften Stab
geh ich aus und ein und hab
unaussprechlich gute Weide,
daß ich keinen Mangel leide;
und so oft ich durstig bin,
führt er mich
zum Brunnquell hin.

Euer Vater weiß, was ihr bedürfet, ehe denn ihr ihn bittet. Matthäus 6, 8

Von dem Pfarrer und Liederdichter Ernst Gottlieb Woltersdorf wird berichtet, daß er einmal eine kranke Frau besuchte, die mit dem Klagen nicht aufhören wollte. Er bat um ihr Gesangbuch und fragte sie: „Kennt Ihr das Lied: Was Gott tut, das ist wohlgetan?" – „Ja, das ist mir schon oft zum Trost gewesen", antwortete sie. „So", sagte er, „jetzt werde ich dieses Lied herausreißen." – „Nein", rief die Frau erschrocken, „das dürfen Sie nicht tun!" – „Und warum nicht? Sie glaubt ja das doch nicht mehr. Also heraus damit!" Die Frau bat und weinte. Das Blatt blieb im Gesangbuch, aber es hatte geholfen. Sie schämte sich ihrer Klagen, aber dieses Lied wurde ihr von dem Tage an zum besonderen Segen.

Nach Martin Haug

Was Gott tut, das ist wohlgetan,
es bleibt gerecht sein Wille;
wie er fängt seine Sachen an,
will ich ihm halten stille.
Er ist mein Gott, der in der Not
mich wohl weiß zu erhalten;
drum laß ich ihn nur walten.

Samuel Rodigast

Darum sorget nicht für den andern Morgen, denn der morgende Tag wird für das Seine sorgen. Es ist genug, daß ein jeglicher Tag seine eigene Plage habe. Matthäus 6, 34

Georg Müller hatte einen Vorsatz für sein Leben: „Ein unwiderlegbarer Beweis dafür zu werden, daß Gott lebt, daß er Gebete erhört und daß sein Wort absolut zuverlässig ist."

So sehr er davon überzeugt war, daß er in sich selbst nichts hatte und nichts konnte, so sehr hielt er sich glaubend und betend an die Verheißungen seines Herrn.

Als eines Tages verschiedene Leute die Waisenhäuser besichtigten, wurde Georg Müller gefragt, ob er auch genug Kapital habe. Er gab zur Antwort: „Unsere Kapitalien sind in der Bank niedergelegt, die nie fallieren kann." Das bewegte den Fragenden so, daß er dem Waisenvater spontan einen größeren Geldbetrag überreichte. Er konnte ja nicht ahnen, daß zu jener Zeit kein Geld mehr im Hause war.

Durch diese Gebets- und Glaubenserfahrungen Georg Müllers wurde Hudson Taylor ermutigt, im Jahre 1863 die China-Inland-Mission zu gründen.

Nach Karl Weber

Auf, auf, gib deinem Schmerze
und Sorgen gute Nacht!
Laß fahren, was das Herze
betrübt und traurig macht!
Bist du doch nicht Regente,
der alles führen soll;
Gott sitzt im Regimente
und führet alles wohl. Paul Gerhardt

Sorget nichts, sondern in allen Dingen lasset eure Bitten im Gebet und Flehen mit Danksagung vor Gott kund werden!

Philipper 4, 6

So sehr der Kampf um die äußere Existenz meine Zeit und Kraft in Anspruch nahm, gab es doch weit größere Sorgen. Seit dem Tod meines Mannes waren meine Kinder der Hauptinhalt meines Lebens. Ein großer Reichtum war mit ihnen geblieben. Aber die Verantwortung für ihre Erziehung drückte mich oft schwer. Jedes Kind hat ja seine Eigenart, in der es verstanden und richtig genommen werden will. Wieviel folgenschwere Entscheidungen sind zu treffen, wo soll man nachgeben, wo nein sagen? Wie gerne möchte man Zäune aufrichten und die Kinder gegen Versuchungen abschirmen, aber werden sie nicht gerade dadurch in den Widerspruch hineingetrieben? Ich möchte mit Dank bekennen: Gott hat die mannigfaltigen Fehler meiner Erziehung, die mir voll bewußt sind, wieder gutgemacht, freilich oft durch Schmerzen und durch schwere Wege. Ihm sei Dank dafür. Anny Hahn

Dem Herren mußt du trauen,
wenn dir's soll wohlergehn;
auf sein Werk mußt du schauen,
wenn dein Werk soll bestehn.
Mit Sorgen und mit Grämen
und mit selbsteigner Pein
läßt Gott sich gar nichts nehmen;
es muß erbeten sein.

Paul Gerhardt

Vor wem bist du so in Sorge und fürchtest dich also? Jesaja 57, 11

Martin Luther (1483–1546) wußte aus eigener Erfahrung, was Anfechtung und Niedergeschlagenheit ist. Nur so konnte er zu dem großen Seelsorger werden, der seine angefochtenen Weggefährten aufzurichten und zu stärken verstand. Er tröstete Menschen, die unter Depressionen litten, daß sie gerade darin die Wirklichkeit Gottes erfahren würden:

„Ohne Anfechtungen kann ein Mensch weder die Heilige Schrift noch den Glauben oder die Furcht und Liebe Gottes verstehen; ja, wer niemals in Anfechtungen war, kann nicht wissen, was Hoffnung ist.“

Seinem Freund Philipp Melanchthon schrieb er während des Reichstages zu Augsburg im Jahre 1530 von Coburg aus:

„Ich hasse von ganzem Herzen die großen Sorgen, von denen Du verzehrt wirst. Daß sie Dein Herz so beherrschen, daran ist nicht die Größe der Gefahr, sondern die Größe unseres Unglaubens schuld.“

Mit unsrer Macht ist nichts getan,
wir sind gar bald verloren;
es streit für uns der rechte Mann,
den Gott hat selbst erkoren.

Fragst du, wer der ist?
Er heißt Jesus Christ,
der Herr Zebaoth, und ist kein andrer Gott;
das Feld muß er behalten.

Martin Luther

Darum sollt ihr also beten: Unser täglich Brot gib uns heute. Matthäus 6, 9. 11.

Damit wir nicht verzagen müssen und denken, Gott würde die Bedürfnisse unseres irdischen Lebens nicht kennen, führt uns Jesus mit der vierten Bitte im Vaterunser „Unser täglich Brot gib uns heute“ - in das Heiligtum der Fürsorge Gottes, in sein großes Proviant-haus. Da ist aller Vorrat da, um die Sperlinge unter dem Himmel und die Menschen auf Erden zu nähren. Daraus läßt Gott Regen und Sonne, Samen und Ernte, Frost und Hitze zu seiner Zeit hervorgehen. Dort tut er seine milde Hand auf und sättigt alles, was lebt, mit Wohlgefallen (Psalm 145, 16). Jakob Kroeker

Gib uns heut unser täglich Brot
und was man b'darf zur Leibesnot;
behüt uns, Herr, vor Unfried, Streit,
vor Seuchen und vor teurer Zeit,
daß wir in gutem Frieden stehn,
der Sorg und Geizens müßig gehn.

Martin Luther

Und es wurde ihnen geholfen ... Denn sie schrien zu Gott im Kampf, und er ließ sich erbitten; denn sie vertrauten ihm.

1. Chronik 5, 20.21.

Der betenden Mutter Beate Paulus (1778–1842) wurde von ihrem Sohn Philipp durch den Bericht ihres bewegten Lebens ein ehrendes Denkmal gesetzt.

Sie war die Tochter eines bedeutenden Theologen des schwäbischen Pietismus, Philipp Matthäus Hahn, der sich auch als Mathematiker und erfindungsreicher Mechaniker einen Namen gemacht hat.

In ihrer Ehe mit Magister Karl Friedrich Paulus wurden ihr zwölf Kinder geschenkt. Ihr äußeres Leben war gekennzeichnet von entbehrungsreichen, wirtschaftlichen Nöten. Dabei galt ihre ganze Sorge der bestmöglichen Ausbildung ihrer Kinder.

Ohne die Unterstützung ihres Mannes führte sie oft einen verzweifelten Kampf, die nötigen Geldmittel zur Versorgung ihrer Kinder aufzubringen.

So reifte sie innerlich zu einer betenden Mutter heran, die gelernt hatte, ihr Vertrauen allein auf Gott und nicht auf Menschen zu setzen. Am Ende durfte sie erfahren: Gott hat alles wohlgemacht!

Ich rief zum Herrn in meiner Not:
„Ach Gott, vernimm mein Schreien!“
Da half mein Helfer mir vom Tod
und ließ mir Trost gedeihen.
Drum dank, ach Gott, drum dank ich dir;
ach danket, danket Gott mit mir!
Gebt unserm Gott die Ehre!

Johann Jakob Schütz

Und sie wunderten sich über die Maßen und sprachen: Er hat alles wohlgemacht. Markus 7, 37

In ihren Tagebuchnotizen hat Beate Paulus nicht verheimlicht, daß ihr bei langanhaltenden Prüfungen der Mut sinken und die Hoffnung schwinden wollte. Sie bekennt: „Ich konnte nicht mehr beten: Vater hilf! sondern mußte sagen: Wirst du helfen? Wirst du mich nicht zuschanden werden lassen? Wenn ich nicht mehr hinaussah, hielt ich mich an das Wort, das der Heiland uns beten lehrte: Gib uns heute unser täglich Brot! Weil ich doch nichts verlange, als was zu unserem Fortkommen nötig ist, so wolle Gott es uns segnen."

Einmal war sie zu Fuß auf dem Weg von Stuttgart nach Eßlingen. Da berichtet sie: „Als ich allein war und es Nacht wurde, fiel mein Elend so sehr auf mich, daß ich ungehindert meine Tränen vor Gott ausschüttete und ihm vortrug, ich wolle mir ja gern alle Prüfungen gefallen lassen; er wolle nur mein Gebet erhören, daß er meinen Kindern seinen Geist schenke und sie zu seinem Reich brauchbar und tüchtig mache." Es war nicht umsonst.

Ein Sohn wurde Arzt, ein anderer Apotheker, und der dritte gründete eine Knabenerziehungsanstalt in Ludwigsburg. Nach Philipp Paulus

So kommet vor sein Angesicht
mit jauchzenvollem Springen;
bezahlet die gelobte Pflicht
und laßt uns fröhlich singen:
Gott hat es alles wohl bedacht
und alles, alles recht gemacht.
Gebt unserm Gott die Ehre! Johann Jakob Schütz

ER weidet mich auf einer grünen Aue

Zur grünen Weiden
will ER mich geleiten,
zum sprudelnden Quell.
Hab' nichts zu klagen,
in Angst und Plagen
erquickt ER mein' Seel'.

Ich will sie auf die beste Weide führen, und auf den hohen Bergen in Israel sollen ihre Auen sein; da werden sie auf guten Auen lagern und fette Weiden haben. Hesekiel 34, 14

Der Herr weiß, daß seine Schafe Nahrung brauchen. Im Morgenland ist es nicht so wie bei uns, daß der Hirte, nachdem er die Schafe aus dem Stall gelassen hat, erst eine Wegstrecke mit ihnen geht - nein, er lagert sie zuerst auf grünen Auen. Der Hirte weiß, daß das Schaf am Morgen zuerst fressen muß, um gesund zu bleiben.

Ist das Wort Gottes uns auch heute schon eine grüne Aue gewesen? Wollen wir nicht jeden Morgen mit dem Herrn eine stille Zeit halten, in der er mit uns reden kann? Nach D. H. Dolman

Der Herr ist mein getreuer Hirt,
hält mich in seiner Hute,
darin mir gar nichts mangeln wird
jemals an einem Gute.
Er weidet mich ohn Unterlaß,
da aufwächst das wohlschmeckend Gras
seines heilsamen Wortes.

Augsburg 1531

Ich bin gekommen, daß sie das Leben und volle Genüge haben sollen. Johannes 10, 10

Der gute Hirte führt nicht zu abgeweideten Weideplätzen, zu abgestandenem Wasser. Er gibt und ist selbst das lebendige Wasser und das lebendige Brot. Es ist Aufgabe seiner Diener, die Herde Christi in Predigt und Seelsorge wirklich auf die Weide zu führen, sie zu nähren und zu tränken; nicht mit hohen Worten menschlicher Weisheit, nicht mit Moral und Philosophie abzuspeisen, sondern ihnen den ganzen, reichen, vollen Gehalt des Evangeliums von der vollbrachten Erlösung zu bringen. Das kann nur, wer selbst im Wort lebt, wer sich selbst von ihm weiden, von ihm weiterführen, strafen, erquicken und nähren läßt.

Nach Hans Staub

Volles Genügen, Fried und Freude
jetzo meine Seel ergötzt,
weil auf eine frische Weide
mein Hirt Jesus mich gesetzt.
Nichts Beßres kann also mein Herze erlaben,
als wenn ich nur, Jesus, dich immer soll haben;
nichts, nichts ist, das also mich innig erquickt,
als wenn ich dich, Jesus, im Glauben erblickt. Joachim Neander

Neigt eure Ohren her und kommt her zu mir! Höret, so werdet ihr leben! Jesaja 55, 3

Nach dem Studium der Rechte, der Philosophie und der Geschichte stand dem jungen Amerikaner John Mott (1865–1955) eine glänzende Laufbahn offen. Das Christuszeugnis eines berühmten Sportlers gab John Mott eine Blickrichtung für seine zukünftige Aufgabe.

Mit Eifer widmete er sich nun dem Gebet und dem Studium der Bibel. Das bewegte ihn zur Mitarbeit in der christlichen Studentenbewegung. Dem Ruf zum Studentensekretär des CVJM Nordamerikas folgte 1895 die Gründung des christlichen Studentenweltbundes, dessen Präsident er viele Jahre war. Er gilt als der bedeutendste Studentenevangelist und erste Missionsstratege seiner Zeit. Wohl siebzigmal hat er die Welt umreist. Die Grundlage seiner Dienste blieb der ständige Umgang mit der Bibel. Deshalb konnte er aus Erfahrung sagen: „Man braucht Zeit, um Gott zu begegnen, seine Stimme zu hören und gewiß zu sein, daß man sie gehört hat, nicht damit man nur sagen kann: Ich habe heute morgen dreißig Minuten mit meiner Bibel verbracht, sondern damit man gewissenhaft sagen kann: Ich bin Gott begegnet, ich habe Gemeinschaft mit ihm gehabt."

Ach nimm mich hin,
du Langmut ohne Maße;
ergreif mich wohl,
daß ich dich nie verlasse!
Herr, rede nur, ich geb begierig acht;
führ, wie du willst,
ich bin in deiner Macht.

Gerhard Tersteegen

In Beröa nahmen sie das Wort auf ganz willig und forschten täglich in der Schrift, ob sich's so verhielte. Apostelgeschichte 17, 11

Johannes Roos (1879–1968) sah das hohe Ziel seines Dienstes als Pastor (das bedeutet ja „Hirte“): „In der Herausrufung und der Heranbildung der Gemeinde Jesu Christi.“ Das bedeutete für ihn einerseits, Menschen zur Bekehrung und Hinkehr zu Christus zu rufen. Andererseits soll der wiedergeborene Mensch im Glauben wachsen und ein tätiges Glied der Gemeinde werden durch betenden Umgang mit der Bibel. Entscheidend war für ihn die innere Stellung zur Schrift: „Der Mensch Gottes beugt sich vor der Majestät des göttlichen Wortes.“

Angeregt durch das tägliche Forschen in der Schrift bei der Beröa-Gemeinde hat Johannes Roos den „Beröa-Bibelleseplan“ herausgegeben. Darin hat er empfohlen, jeden Tag ein Kapitel in der Bibel zu lesen, fortlaufend von 1. Mose 1 bis Offenbarung 22, um die Bibel in ihrem Zusammenhang und Reichtum immer besser kennen zu lernen. Es war ihm Verpflichtung, „festzuhalten an dem ganzen ungebrochenen Wort als einer heiligen, unvergleichlichen, unantastbaren, untrüglichen und ewigen Offenbarung des lebendigen Gottes mit Christus, dem Sohne, im Mittelpunkt“.

Ich traue den Worten des Königs
und richte mich immer danach
und folg' seiner siegenden Fahne,
und geht's auch durch Schmerzen und Schmach.

Johannes Roos

Wenn jemand will Gottes Willen tun, der wird innewerden, ob diese Lehre von Gott sei, oder ob ich von mir selbst rede.

Johannes 7, 17

Jesus hat sich den Juden gegenüber geweigert, ihnen die Wahrheit seiner Lehre durch Wunder oder auf andere Art zu beweisen. Diese Frage entscheide sich daran, ob jemand versuche, Gottes Willen zu tun.

Wie wir auf ein Schiff hinübergehen und uns ihm mit Leib und Leben anvertrauen müssen, um seine Tragkraft zu erfahren, so müssen wir es praktisch mit Jesus versuchen. Wir müssen es wagen, uns ihm mit Leib und Leben anzuvertrauen, dann werden wir dessen innewerden, daß er der Weg ist zu Gott.

Nicht in der Zuschauerhaltung, nicht durch verstandesmäßige Gründe, sondern unter dem Wagnis der Existenz werden wir gewiß. Hans Engelland

Dich allein will ich erwählen;
alle Kräfte meiner Seelen
nimm nur ganz in deine Macht.
Ja, ich will mich dir verschreiben;
laß es ewig feste bleiben,
was ich dir hab zugesagt.

Gerhard Tersteegen

Trachtet am ersten nach dem Reich Gottes und nach seiner Gerechtigkeit, so wird euch solches alles zufallen. Matthäus 6, 33

Karl Heim hatte als Theologiestudent eine denkwürdige Begegnung mit Hudson Taylor, dem Begründer der China-Inland-Mission.

Er berichtet, wie Studenten während einer Konferenz in Frankfurt am Main den berühmten Missionsmann umringten und ihn mit kritischen Fragen bestürmten: „Wie können Sie an jedes Wort der Bibel glauben?“

Hudson Taylor antwortete: „Wenn Sie morgen wieder von Frankfurt abreisen, suchen Sie im Fahrplan nach einem Zug und gehen zur angegebenen Zeit zum Bahnhof. Es kommt Ihnen gar nicht in den Sinn, der Fahrplan könnte nicht stimmen, weil Sie immer wieder die Erfahrung gemacht haben, daß die angegebenen Zeiten richtig sind.

Diese Erfahrung habe ich immer wieder mit der Bibel gemacht. In einem langen Leben, selbst in Todesgefahren, habe ich ihre Weisungen und Zusagen immer richtig gefunden. Wenn in der Bibel steht: Trachtet zuerst nach Gottes Reich, so wird euch alles übrige zufallen, dann habe ich mich danach gerichtet und bin so nie enttäuscht worden. Handeln Sie ebenso, und Sie werden die gleiche Erfahrung machen.“

Nach Friedrich Hauß

Himmelan hat er dein Ziel
selbst hinaufgestellt.
Sorg nicht mutlos, nicht zuviel
um den Tand der Welt!
Flieh diesen Sinn!

Wohl dem, der Lust hat am Gesetz des Herrn und sinnt über seinem Gesetz Tag und Nacht! Der ist wie ein Baum, gepflanzt an Wasserbächen, der seine Frucht bringt zu seiner Zeit, und seine Blätter verwelken nicht.

Psalm 1, 2. 3.

Gott hat nicht gewollt, daß die Entwicklung der Menschheit stillsteht, daß irgendeine Form menschlichen Zusammenlebens erstarrt und versteinert. Er hat uns nicht eine tote Form gegeben, sondern etwas Lebendiges. Er gab uns ein Buch, das hat eine Eigenschaft, die kein Buch hat unter allen Büchern. Es ist nicht ein toter Buchstabe, es lebt. Die Bibel gleicht dem Lebensbaum, von dem in der Offenbarung geschrieben steht. Sie grünt immer wieder neu und bringt immer wieder neue Blätter und Früchte hervor, in jedem Volk wieder neue, in jeder Zeit wieder neue. Die Bibel ist das Lebensbuch der Menschheit. Karl Heim

Wohl denen, die da wandeln
vor Gott in Heiligkeit,
nach seinem Worte handeln
und leben allezeit!
Die recht von Herzen suchen Gott
und seine Zeugniss' halten,
sind stets bei ihm in Gnad.

Cornelius Becker

und führet mich zum frischen Wasser

Er führet mich
zum reinen Quell,
der mein Gemüt beglücket,
zum Wasser,
welches frisch und hell,
den schwachen Mut erquicket.

Er führet mich zum frischen Wasser. Psalm 23, 2

Der Hirte weiß, wie in der Hitze des Tages das Schäflein sich nach einem erfrischenden Trunk sehnt. In der Wüste gibt es freilich keine Wasserbäche und Ströme. Doch der Hirte weiß genau, wo sich die Zisternen befinden, die das kostbare Wasser enthalten. Oft sind sie mit Sand bedeckt, damit keine unbefugten Hände das Wasser rauben.

Die Schafe würden die Zisternen nicht finden, aber der Hirte kennt sie. Wie gut ist es zu wissen, daß der Herr auf unserm Weg überall seine Zisternen hat. Er wird es nicht an der Erquickung fehlen lassen.

Nach D. H. Dolman

Herr Jesu Christe, mein getreuer Hirte,
komm, mit Gnaden mich bewirte.
Bei dir alleine find ich Heil und Leben,
was mir fehlt, kannst du mir geben.
Kyrie eleison.

Dein arm Schäflein wollest du weiden
auf Israels Bergen mit Freuden
und zu frischen Wassern führn,
da das Leben her tut rührn.
Kyrie eleison. Johann Heermann

Bei dir ist die Quelle des Lebens, und in deinem Lichte sehen wir das Licht.

Psalm 36, 10

Es ist etwas Seliges, wenn wir an der Quelle leben dürfen. Solange unsere Gefäße mit Wasser gefüllt sind, geben wir uns zufrieden, ob wir gleich in die Wüste ziehen müssen. Wenn sie aber leer sind, hilft uns nichts anderes mehr als die Zuflucht zum Herrn. Der verlorene Sohn war nie besser daran, als da er sich nach seines Vaters Kuß sehnte. Unser Herr sucht uns mit Teuerung heim, damit wir uns um so mehr nach dem Himmel sehnen. Die beste Lage, in der ein Christ sich befinden kann, ist die, wenn er ganz und unmittelbar von der Gnade Gottes lebt, wenn er zu denen gehört, „die da nichts haben und doch alles haben". C. H. Spurgeon

Komm doch zur Quelle des Lebens,
durstig und müde und matt;
komm, denn es ist nicht vergebens,
hier wirst du ruhig und satt!
Eile dahin! Warum verziehn?
Ew'ger Gewinn stehet hier
auf dem Spiel!
Hier ist die Quelle des Lebens,
hier ist dein einziges Ziel.

F. J. Crosby

Und sie wanderten drei Tage in der Wüste und fanden kein Wasser. Da kamen sie nach Mara; aber sie konnten das Wasser nicht trinken, denn es war sehr bitter. 2. Mose 15, 22.23.

Als Mose mit dem befreiten Volk Israel den Weg mitten in die Wüste einschlug, bewies er einen Glauben, der Gott bis zum Äußersten vertraut. Denn die Wüste würde dem Volk das Äußerste abverlangen an Entbehrung und Verzicht. Aber gerade dieser Weg sollte zur Glaubensschule für Israel werden.

So bewegte sich ein endlos langer Zug durch Sandstürme und brennende Hitze. Kein Baum, kein Schatten, keine Oase. Endlich, am dritten Tag, tauchten in der Ferne Palmbäume auf. Das gab Hoffnung. So groß das Verlangen nach frischem Wasser war, so groß wurde die Enttäuschung. Die ersten, die begierig tranken, spuckten wieder aus. Das Wasser war bitter, allzu bitter. Murrend bestürmten sie Mose: „Was sollen wir trinken?“ Er schrie zu dem Herrn, „und er zeigte ihm ein Holz; das warf er ins Wasser, da wurde es süß.“

Die bitteren Wasser Maras läßt Gott zu, um zu prüfen, was in uns ist. Neben jedem bitteren Mara wächst ein Baum, der das Wasser wieder genießbar macht. Der Baum ist ein Sinnbild für das Kreuz Jesu, das die Bitterkeit des Lebens in Freude verwandelt.

Nach F. B. Meyer

Wenn wir nach Trübsalshitzen
an bitter'n Marawassern sitzen,
schmeckt uns durch Christi Kreuz und Blut
das bitt're Wasser wieder gut. H.S.

Und sie kamen nach Elim; da waren zwölf Wasserquellen und siebzig Palmbäume. Und sie lagerten sich dort am Wasser. 2. Mose 15, 27

Bei Mara bekam Mose die hoffnungsvolle Zusage von Gott, daß er der Arzt seines Volkes sein werde, solange es durch die Wüste zieht. So wird die Gnade Gottes durch menschliche Sünde nicht daran gehindert, freudige Überraschungen zu schenken. Und Elim war die Rechtfertigung dieser Verheißung. So ist unser Gott! Er läßt die Enttäuschungen bei Mara zu und schenkt Erquickungen bei Elim.

Wie wohltuend war der Schatten jener siebzig Palmen! Wie erfrischend das Wasser aus den zwölf Brunnen! Es gibt keinen Wüstenzug, ohne daß zuletzt ein Elim kommt. Das Lamm wird dich zu den lebendigen Wasserbrunnen führen und alle Tränen von deinen Augen abwischen, wenn du durch die Perlentore gehst.

Nach F. B. Meyer

Das weiß ich fürwahr und lasse
mir's nicht aus dem Sinne gehn:
Christenkreuz hat seine Maße
und muß endlich stille stehn.
Wenn der Winter ausgeschneiet,
tritt der schöne Sommer ein;
also wird auch nach der Pein,
wer's erwarten kann, erfreuet.
Alles Ding währt seine Zeit,
Gottes Lieb in Ewigkeit.

Paul Gerhardt

Mein Volk tut eine zwiefache Sünde: mich, die lebendige Quelle, verlassen sie und machen sich Zisternen, die doch rissig sind und kein Wasser geben. Jeremia 2, 13

Als Bourbakis Armee im kalten Winter sich in unser Land flüchtete, sah man ausgemergelte, abgezehrte Pferde die Rinde von den Bäumen nagen, um ihren Hunger zu stillen. Ist das nicht ein Bild unserer Zeit, ein Bild der Tausende, die mitten im christlichen Lande ihre Seele Hunger leiden lassen und ihren Durst im Sumpfe stillen?

Darum haben sie keine Widerstandskraft gegenüber dem Leben, keinen Halt in den Versuchungen und Anfechtungen. Ihnen mangelt alles, weil Gott ihnen fehlt. Wie anders ist doch das Leben eines Menschen, der sich von Gott zu seinem Lebenswasser führen läßt. Der kann sagen: „Ich habe alles und genug, auch wenn der Weg eher durch steiniges Land als über grüne Aue führt.

Wilhelm Hadorn

Wir haben eine Speise,
der Welt hier unbekannt.
Wir haben einen Schatten
im heißen Sonnenbrand.
Wir haben eine Quelle,
die niemals je versiegt,
wir haben Kraft zum Tragen,
die keiner Last erliegt.

Hedwig von Redern

Wen dürstet, der komme; und wer da will, der nehme das Wasser des Lebens umsonst.

Offenbarung 22, 17

Ein Bergwanderer, schwer beladen mit seinem Rucksack, wandert bergauf im Sonnenbrand, dürstend, nach Wasser schmachtend. Plötzlich entdeckt er zwischen dem Gestein zu seinen Füßen eine Quelle, die unmittelbar aus dem Boden aufsprudelt. Was muß er tun, um trinken zu können? Er wird zuerst den Rucksack von sich werfen, dann sich zu Boden werfen, ganz hinab bis zur Quelle, und zuletzt wird er den Mund öffnen, damit das Quellwasser einströmen und seinen Durst stillen kann. So einfach ist in Wirklichkeit das Trinken aus dem Strom des ewigen Lebens, der aus Golgatha aufquillt.

Der Rucksack ist die Sündenlast, die wir unter dem Kreuz Christi in täglicher, fortlaufender Buße ablegen dürfen. Das andere ist die Beugung vor Gott und dem Lamm in Demut und Anbetung. Das dritte ist die Glaubenshingabe, die nun einfach trinkt und nimmt, was der Geist gibt. Johannes Schneider

O Geist, o Strom, der uns vom Sohne
eröffnet und kristallen rein
aus Gottes und des Lammes Throne
nun quillt in stille Herzen ein:
Ich öffne meinen Mund und sinke
hin zu der Quelle, daß ich trinke.

Gerhard Tersteegen

Aber am letzten Tage des Festes . . . trat Jesus auf, rief und sprach: „Wen da dürstet, der komme zu mir und trinke! Johannes 7, 37

Das Fest der Laubhütten wurde in Israel zur Erinnerung an die großen Taten Gottes während der Wüstenwanderung gefeiert. Am letzten Tag des Festes strömten Tausende zum Tempel, um den Priester zu sehen, der mit dem goldenen Krug Wasser aus dem Teich Siloah schöpfte. Dann stieg er die Stufen zum Altar hinauf und goß das Wasser in eine Schale. Dabei wurden Verse der Verheißung von der kommenden Heilszeit gesungen, wie etwa Jesaja 12, 3: „Ihr werdet mit Freuden Wasser schöpfen aus den Heilsbrunnen." Diese Heilszeit hat mit Jesus schon begonnen. Jesus kannte das ungestillte Sehnen der Menschen, den Durst ihrer Seelen nach dem Wasser ewigen Lebens. Darum ruft er: „Kommt zu mir - trinkt im Glauben, denn der Heilsbrunnen und das Lebenswasser, das bin ich."

Jesus ist kommen, die Quelle der Gnaden;
komme, wen dürstet, und trinke, wer will!
Holet für euren so giftigen Schaden
Gnade aus dieser unendlichen Füll!
Hier kann das Herze sich laben und baden.
Jesus ist kommen, die Quelle der Gnaden.

J. L. Konrad Allendorf

ER erquicket meine Seele

Bist Du der Arzt,
der Kranke trägt:
auf Dich will ich mich legen.
Bist Du der Hirt,
der Schwache pflegt:
erquicke mich mit Segen!

Er erquicket meine Seele. Psalm 23, 3

Das Leben eines Christen ist nicht nur Sonnenschein, sondern oft ein Wandern im Nebel, in Sturm und Ungewitter, auf rauhen Wegen und im finstern Tal. Aber Gott hat uns verheißen, daß wir das, was wir nötig haben, auf seiner Weide und unter seinem Stab finden werden. Ja, er will unsere Seele erquicken, wenn sie am Verschmachten ist. Wir haben alle erfahren, was Leben heißt. Und wenn es Mühe und Arbeit gewesen ist, so haben wir gewiß auch Erquickungen unseres Gottes erlebt. Vor allem die Erquickung durch sein Wort und durch seinen Heiligen Geist, die in keiner Lage des Lebens versagen. Hier gilt noch immer: „Gottes Brünnlein hat Wasser die Fülle.“ Nach Wilhelm Hadorn

Meiner Seele Wohlergehen
hat er ja recht wohl bedacht;
will dem Leibe Not entstehen,
nimmt er's gleichfalls wohl in acht.
Wenn mein Können, mein Vermögen
nichts vermag, nichts helfen kann,
kommt mein Gott und hebt mir an,
sein Vermögen beizulegen.
Alles Ding währt seine Zeit,
Gottes Lieb in Ewigkeit.

Paul Gerhardt

Viele sagen: „Wer wird uns Gutes sehen lassen?“ Herr, laß leuchten über uns das Licht deines Antlitzes! Psalm 4, 7

Das tiefgreifende geistige Problem unserer Tage liegt in der einseitigen Auffassung von den Zielen und Möglichkeiten des Menschen. Der moderne Mensch denkt in technischen Vorstellungen. Wenn unser Auto nicht funktioniert, gehen wir in eine Reparaturwerkstatt. Da gibt es Fachleute, und wir erwarten, daß das Auto hinterher wieder funktioniert. Wenn man uns erklären würde, wir sollten den Defekt hinnehmen und versuchen, mit ihm zu fahren, so wäre dies für uns barer Unsinn. Doch hat es den Anschein, daß wir bei Nöten und Schwierigkeiten seelischer Art von ähnlichen Vorstellungen ausgehen. Müssen wir nicht damit rechnen, daß es unabänderliche Lasten gibt - schreckliche Krankheiten, Mühen des Alters? Haben wir nicht mit Konflikten zu leben? Was wir nötig haben, ist die Kraft, es zu tragen. Nach Hans-Otto Wölber

Wer darf, Herr, mit dir rechten
um seiner Tage Los?
Du zeigest deinen Knechten
dich immer gut und groß.
Selbst durch die Nacht der Sünden
läßt sich dein Antlitz schau'n.
Wir können's nicht ergründen,
wir können nur vertrau'n.

Nun, Herr, wessen soll ich mich trösten? Ich hoffe auf dich. Psalm 39, 8

Seelsorge ist etwas anderes als Reparatur und das, was man gemeinhin Lebensbewältigung nennt. Wir erwarten Heilung. Unsere Seele hungert nach dem Sinn des Lebens und nach dem Du. Beides, der Sinn und das Du können nur durch Gott gefunden werden. Es gibt einen Punkt, an dem der Schrei nach dem Du in seiner ganzen Klarheit und in seinem ganzen Sinn offenbar wird. Das ist der Schlußpunkt unseres Lebens. Der Mensch, der am Ende ist, braucht nun das letzte Du, nach dem er immer heimlich gefragt hat. Es ist das Du Gottes. Mit ihm zu beginnen, heißt beten, heißt hören wie ein Jünger, daß unsere Seele das verlorene Du wiederfindet: Gott, auf den hin wir geschaffen sind und der sich uns als das versöhnende, erbarmende Du in seinem Sohne Jesus Christus erschloß.

Nach Hans-Otto Wölber

O wer nur immer bei Tag und Nacht
dein zu genießen recht wär bedacht!
Der hätt' ohne Ende von Glück zu sagen,
und Leib und Seele müßt' immer fragen:
Wer ist wie du?

Barmherzig, gnädig, geduldig sein,
uns täglich reichlich die Schuld verzeihn,
heilen, stillen, trösten, erfreun und segnen
und unsrer Seele als Freund begegnen
ist deine Lust.

Christian Gregor

An dir allein habe ich gesündigt und übel vor dir getan. Psalm 51, 6

Der König David hat diesen Bußpsalm geschrieben, nachdem Gottes Wort sein schlafendes Gewissen geweckt und er die Abgrundtiefe seiner Schuld erkannt hatte. Das geschah, als der Prophet Nathan zu ihm kam und ihn durch ein Gleichnis überführte: „Du bist der Mann!" David hatte zwar versucht, seinen Ehebruch mit Bathseba zu vertuschen, aber er wurde dadurch zum Mörder. Es gab für diese Schuld keine Rechtfertigung und keine Entschuldigung. David mußte erkennen, daß er mit seiner Schuld nicht nur Menschen, sondern vor allem Gott verantwortlich war. Darum nahm er die Last seiner Schuld und brachte sie vor Gott: „Ich habe übel vor dir getan!" Das war seine Rettung. Dieses Bekenntnis hat Gott angenommen. Nathan durfte ihm die Vergebung zusprechen: „So hat auch der Herr deine Sünde weggenommen; du wirst nicht sterben." Durch solche Buße finden auch wir Rechtfertigung und Gnade.

Ich hatte nichts als Zorn verdienet
und soll bei Gott in Gnaden sein!
Gott hat mich mit sich selbst versühnet
und macht durchs Blut des Sohns mich rein.
Wo kam dies her, warum geschieht's?
Erbarmung ist's und weiter nichts.

Philipp Friedrich Hiller

Siehe, um Trost war mir sehr bange. Du aber hast dich meiner Seele herzlich angenommen, daß sie nicht verdürbe; denn du wirfst alle meine Sünden hinter dich zurück.

Jesaja 38, 17

Dieses bewegende Zeugnis stammt von dem König Hiskia, der auf der Höhe seines Lebens, etwa um die Vierzig, plötzlich sich dem Tod gegenübersieht und von dem Propheten Jesaja gesagt bekommt: „Bestelle dein Haus, denn du mußt sterben!“ Und dann ringt er mit dem Tod und ringt mit Gott und erhält fünfzehn Jahre zu seinem Leben dazugelegt. Der Dank dafür verdichtet sich in diesem Gebet, das von der Vergebung seiner Sünden spricht. Das Wort „Sünde“ ist nicht beliebt, ja es ist heute weithin tabu. Aber wenn es Sünde nicht mehr gibt oder geben darf, dann gibt es auch nicht mehr Vergebung der Sünden, und das wäre schlimm! Wenn es aber Sünde nicht mehr geben soll, was tue ich dann mit Jesus, der die Sünde vergibt?

Hermann Dietzfelbinger

Ach Gott, laß meiner Seelen
den Trost doch niemals fehlen,
daß du die Schuld vergibst.
Wenn ich mich betend beuge,
so sei dein Geist mein Zeuge,
daß du dein Kind in Christo liebst.

Ph. Friedrich Hiller

Der dir alle deine Sünde vergibt und heilet alle deine Gebrechen. Psalm 103, 3

Dr. Friedrich Wilhelm Baedeker kam als Bote Jesu bis in den äußersten Osten Asiens. Achtzehn Jahre lang nahm er gefahrvolle und beschwerliche Reisen auf sich, obwohl er von Jugend an eine sehr zarte Gesundheit hatte.

Seine Verwandten hielten ihn für einen Todeskandidaten, weil er wegen Herzschwäche kaum einen Spaziergang wagen konnte. Als er mit 43 Jahren neues Leben in Christus fand, empfing er gleichzeitig neue Kraft und Gesundheit. In den letzten vierzig Jahren seines Lebens hatte er keine ernstliche Krankheit mehr. Auf die Frage, wie er mit seinem schwachen Körper die schweren Strapazen seines Dienstes aushalten könne, antwortete er mit Psalm 27, 1:

„Der Herr ist meines Lebens Kraft." Er vertraute seinem Herrn ebenso sehr für den Leib wie für die Seele, ohne die Heilung seines Leibes in den Vordergrund zu stellen. Nach Karl Weber

Wären noch so tief die Wunden,
welche dir die Sünde schlug,
dennoch kannst auch du gesunden;
Jesu Kraft ist groß genug.
Wag's, dich ihm zu übergeben,
willig, völlig, ungeteilt,
dann hast du das ew'ge Leben,
wirst bis auf den Grund geheilt!

J. Meyer

Ihr sind viele Sünden vergeben, darum hat sie mir viel Liebe erzeigt. Lukas 7, 47

„Die verlorene Sünderin hat zwar kein Wort eines Sündenbekenntnisses über ihre Lippen gebracht, aber ihre Tränen und ihr ganzes Gebaren waren ein einziger Schrei nach dem Erbarmen Gottes“ (Kierkegaard). Als die Sünderin vor Jesus kniet, beichtet sie ohne Worte die wahre Beichte. Das gesprochene Sündenbekenntnis kann der Tod des wahren Bekenntnisses sein, wenn es fromme Lüge ist. Wer einmal in seinem Leben bankrott wurde vor Gott, wem einmal aufgegangen ist: „An mir und meinem Leben ist nichts auf dieser Erd“, wer einmal so sündig wurde, daß er in eigener Existenz erfuhr: „Ich bin fleischlich, unter die Sünde verkauft“ (Römer 7, 14), der begräbt seine Ehre unter dem Kreuz Christi und empfängt sie wieder im Triumph einer Gnade, die mit der Wandlung seines Lebens Gott die Ehre gibt. Heinrich Kemner

Das muß ich dir, mein Gott, bekennen;
das rühm ich, wenn ein Mensch mich fragt;
ich kann es nur Erbarmung nennen,
so ist mein ganzes Herz gesagt.
Ich beuge mich und bin erfreut
und rühme die Barmherzigkeit.

Philipp Friedrich Hiller

ER
führet
mich auf
rechter Straße
um seines
Namens willen

Mein Leben und Streben,
Ihm ist's übergeben.
Wohin ER mich führt,
da hab' ich noch immer
der Gnade Schimmer,
die Liebe verspürt.

Er führet mich auf rechter Straße um seines Namens willen.

Psalm 23, 3

Der Herr allein leitet auf rechter Straße. Er tut es, nicht um unserer Gerechtigkeit, nicht um unserer Verdienste willen, sondern um seines Namens willen. Das ist das Tröstliche an dieser Zusage, daß sie in dem Felsengrund seines heiligen Namens und seiner Ehre verankert ist. Wenn wir auf uns schauen, müßten wir verzagen und sagen: Du verdienst es nicht, daß Gott dich leitet. Ich bin so oft auf eigene Wege abgewichen, habe seiner Leitung widerstrebt. Warum überrascht er uns immer wieder durch seine wunderbaren Führungen? Um seines Namens willen. Weil er gnädig und barmherzig ist, weil er mein Hirt und mein Vater ist.

Wilhelm Hadorn

Erquickung schenkt er meiner Seel
und führet gnädiglich
um seines hohen Namens Ehr
auf rechter Straße mich.

F. Rous - Lotte Sauer

Und die Schafe hören seine Stimme; und er ruft seine Schafe mit Namen und führt sie aus. Johannes 10, 3

Im Land der Bibel geht der Hirte nicht mit seinem Hund hinter den Schafen her, er geht vor ihnen hin. Er braucht keinen Hund, um seine Schafe anzutreiben. Er führt sie. Wenn ein Schaf sich von der Herde zu weit abgewandt hat, nimmt er aus seinem Gürtel einen glatten Stein und legt ihn in seine Schleuder. Er zielt aber nicht nach dem Schaf, sondern wirft so, daß der Stein kurz vor dem Schaf zur Erde fällt. Das Schaf schreckt auf, hört die Stimme des Hirten und kehrt schnell zur Herde zurück. Nach D. H. Dolman

Mit den Augen will er leiten
den, der seinem Worte glaubt,
will die Hände schützend breiten
über seiner Jünger Haupt,
zeigt mit treuem Warnungworte
die Gefahr uns überall,
denn er will an jedem Orte
uns bewahren vor dem Fall.

J. Meyer

Und wenn er alle die Seinen hat hinausgelassen, geht er vor ihnen hin, und die Schafe folgen ihm nach; denn sie kennen seine Stimme.
Einem Fremden aber folgen sie nicht nach, sondern fliehen vor ihm; denn sie kennen der Fremden Stimme nicht. Johannes 10, 4. 5.

Der orientalische Hirte ruft seine Schafe „ta-a-a. tto-o-o“, und sie hören seine Stimme. Thomson berichtet in einem Buch, daß er oft versucht hat, den Ruf des Hirten nachzuahmen. Die Schafe ließen sich nicht stören. Er dachte, wenn er Hirtenkleidung anhätte, würden die Schafe nicht merken, daß er ein Fremder sei. Ein Hirte gab ihm lächelnd sein Schaffell. Der Fremde zog es an und rief: „Ta-a-a, tto-o-o.“ Aber die Schafe nahmen keine Notiz davon. Sie kannten seine Stimme nicht. „Folgen sie denn nie einem Fremden?“ wollte er wissen. Der Hirte schwieg einen Augenblick, dann antwortete er bezeichnend: „Nur wenn sie krank sind.“

Nach D. H. Dolman

O Gottes Sohn, du Licht und Leben,
o treuer Hirt, Immanuel!
Nur dir hab ich mich übergeben,
nur dir gehöret Leib und Seel.
Ich will mich nicht mehr selber führen,
du sollst als Hirte mich regieren;
so geh denn mit mir aus und ein!
Ach, Herr, erhöre meine Bitten
und leite mich auf allen Tritten!
Ich gehe keinen Schritt allein.

K. Heinrich von Bogatzky

Jesus spricht: Ich bin der Weg und die Wahrheit und das Leben; niemand kommt zum Vater denn durch mich. Johannes 14, 6

„Im Christentum geht es um Christus." Diese Wahrheit hat Sundar Singh erkannt und als Bote Christi bezeugt. Als Inder, im Hinduismus aufgewachsen, hatte er viele Vorurteile gegen das Christentum. Er hörte zwar das Evangelium an einer Grundschule, die von christlichen Missionaren geleitet wurde, doch seine Friedelosigkeit war so groß, daß er eines Tages vor den Augen seines Vaters ein Evangelium zerriß und verbrannte. Von innerer Unruhe getrieben, betete er, wenn es überhaupt einen Gott gäbe, möge er sich ihm offenbaren und ihm den Weg des Heils zeigen. Er war entschlossen, seinem Leben ein Ende zu machen, wenn dieses Gebet ohne Antwort bliebe. Er erwartete dabei, Krishna oder Buddha zu sehen. Sie erschienen nicht, dafür sah er ein strahlendes Licht in seinem Zimmer. In diesem Licht sah er den lebendigen Christus, den er für tot gehalten hatte. Er sprach: „Warum verfolgst du mich? Siehe, ich bin am Kreuz für dich und für die ganze Welt gestorben."

Nun gehören unsre Herzen
ganz dem Mann von Golgatha,
der in bittren Todesschmerzen
das Geheimnis Gottes sah.
Das Geheimnis des Gerichtes
über aller Menschen Schuld,
das Geheimnis neuen Lichtes
aus der Vaters ew'ger Huld.

Fr. v. Bodelschwingh

Denn dazu seid ihr berufen, da auch Christus gelitten hat für euch und euch ein Vorbild gelassen, daß ihr sollt nachfolgen seinen Fußstapfen. 1. Petrus 2, 21

Sundar Singh berichtet von diesem Erlebnis: „Mein Herz war mit Freude und Frieden erfüllt, und mein ganzes Leben war vollständig verwandelt. Da starb der alte Sundar Singh, und ein neuer wurde geboren, damit er dem lebendigen Christus diene.“ Später erzählte er der ganzen Familie, was er gesehen hatte und daß er jetzt Christ wäre. Einige sagten, er wäre verrückt, und begannen ihn zu verfolgen. Sein Vater versuchte vergeblich, ihn von seinem Glauben an Christus abzubringen, und wies ihn aus dem Haus. Zum Abschied erhält er vergiftetes Essen. Der Vater wollte lieber einen toten Sohn als einen Christen zum Sohn.

Sundar Singh überlebt, flieht in eine christliche Missionsschule, wird dort unterrichtet und getauft. Nach seinem Theologiestudium wird er Wandermönch, ohne persönlichen Besitz, ohne Familie, ohne eigenes Haus.

Ich bin entschieden, zu folgen Jesus.
Niemals zurück.
Ob niemand mit mir geht,
doch will ich folgen.
Niemals zurück.
Die Welt liegt hinter mir,
das Kreuz steht vor mir.
Niemals zurück.

Sadhu Sundar Singh

In keinem andern ist das Heil, ist auch kein andrer Name unter dem Himmel den Menschen gegeben, darin wir sollen selig werden.

Apostelgeschichte 4, 12

In unseren Tagen hat das missionarische Ziel der Gemeinde Jesu, die Errettung des Sünders durch Christus, eine gefährliche Umdeutung erfahren. Seitdem Lessing in „Nathan der Weise" diese Verschiebung hoffähig zu machen versuchte, hat sich das Christentum in die Gefahr gebracht, mit Religion verwechselt zu werden. Wer das Christentum zu einer Religion unter anderen degradiert, hat es in Wahrheit verraten. Jesus aber ist die Erfüllung aller Religionen. Er ist nicht ein Weg unter anderen, sondern der Weg, die Wahrheit, das Leben. Darum ist das Christentum auch das Ende aller Religionen.

Denn hier ist kein Religionsstifter, sondern Gott selbst am Werk. Hier erlöst der Mensch nicht sich selbst, sondern er wird von Gott erlöst - nicht zuletzt von sich selber. Heinrich Kemner

Ein volles, freies, ewges Heil
hat Jesus uns gebracht.
Mein Herz, ergreife jetzt dein Teil,
das völlig selig macht.

Ernst Gebhardt

Als du jünger warst, gürtetest du dich selbst und wandeltest, wo du hin wolltest; wenn du aber alt wirst, wirst du deine Hände ausstrekken, und ein anderer wird dich gürten und führen, wo du nicht hin willst. Johannes 21, 18

Das ganze Leben der Jünger in Gemeinschaft mit Jesus war eine fortwährende Führungsschulung. Sie lernten von ihm, was zuverlässige Führung bedeutete, weil sein Wille vollkommen mit dem Willen des Vaters eins war. Die Erkenntnis des Willens Gottes und restlose Hingabe an ihn gehört zur wichtigsten Voraussetzung der Führung. Die Erziehung des Petrus ist dafür ein lehrreiches Beispiel. Ihm, dem impulsiven Jünger, der im Übereifer gern die Führung seines Lebens selber in der Hand behalten hätte, mußte der Herr dieses Wort sagen, daß ein anderer ihn gürten und führen wird. Die Schule Jesu bestand nicht im theoretischen Unterricht, sondern in praktischer Übung. Sein persönliches Vorbild war maßgebend: „Ich kann nichts von mir selber tun“ (Johannes 5, 30). Heinrich Langenberg

Lasset uns mit Jesu ziehen,
seinem Vorbild folgen nach,
in der Welt der Welt entfliehen;
auf der Bahn, die er uns brach,
immerfort zum Himmel reisen,
irdisch noch, schon himmlisch sein,
glauben recht und leben rein,
in der Lieb den Glauben weisen.
Treuer Jesu, bleib bei mir;
gehe vor, ich folge dir!

Siegmund von Birken

Und ob ich
schon wanderte
im finstern Tal,
fürchte
ich kein
Unglück

Und ist mir am Himmel
im Kampf und Getümmel
entschwunden das Licht,
ob finstere Schatten
umdunkelt mich hatten,
ich fürchte mich nicht.

Und ob ich schon wanderte im finstern Tal, fürchte ich kein Unglück. Psalm 23, 4

Der Weg, dem Hirten nach, führt nicht nur über grüne Auen und zum frischen Wasser, er führt auch durch ein tiefes Tal der Todesschatten. Was tut's? Ich fürchte kein Unglück. Das finstere Tal ist nicht Gottes letztes Wort und nicht das Ende seiner Führungen. Aus dem Tal tritt der Weg wieder heraus. Das Gewölk muß weichen. Die Sonne bricht durch. Die Feinde haben zu früh gejubelt. Zu ihrer Beschämung deckt Gott denen, die zu seiner Herde gehören, den Tisch im Angesicht der Feinde. Wer dann am Ziel angelangt ist und zurückschaut auf den Weg über Höhen und Tiefen, der sieht es mit seinen Augen, was er geglaubt hat: Er führet mich auf rechter Straße um seines Namens willen.

Wilhelm Hadorn

Und ob ich wall im finstern Tal,
fürcht ich doch keinen Schaden.
Sein Auge wachet überall;
ich bin der Sorg entladen.
Sein Stab und Stecken trösten mich;
auf seine Treu und Macht kann ich
gar ruhig mich verlassen.

Johann Friedrich Meyer

Auch wenn ich gehn muß durch Todschattenschlucht, fürchte ich Arges nicht.

Psalm 23, 4 nach Martin Buber

Es ist nicht das Tal des Todes, sondern nur das „Tal der Todesschatten“. Der Tod ist dem Wesen nach abgeschafft, nur der Schatten davon ist noch geblieben. Wo Schatten ist, muß auch Licht sein. So ist es hier. Der Tod steht am Rand unserer Lebensstraße, und das Licht des Himmels, das auf ihn scheint, wirft seinen Schatten über unsern Weg. Laßt uns darüber fröhlich sein, daß jenseits des Todes das Licht scheint! Niemand fürchtet sich vor einem Schatten, denn er kann uns den Weg nicht versperren. Der Schatten des Todes kann uns nicht vernichten. Wir wollen uns deshalb nicht fürchten. C. H. Spurgeon

Geh ich durchs dunkle Todestal,
ich fürcht kein Unglück dort.
Denn du bist da. Dein Stecken und Stab
sind Tröstung mir und Hort.

F. Rous - Lotte Sauer

Darum siehe, ich will sie locken und will sie in die Wüste führen und freundlich mir ihr reden . . . und das Tal Achor (Tal der Betrübnis) zum Tal der Hoffnung machen.

Hosea 2, 16. 17.

Wir brauchen nicht zu fragen, wo das finstere Tal ist, auch wenn es auf keiner Landkarte zu finden ist. Es liegt verborgen an unserer Lebensstraße. Wenn der Hirte mit seiner Herde die Weiden des Berglandes erreichen will, muß er zuvor durch das dunkle Tal der Bergklüfte ziehen. Kühles Wasser träufelt an den Bergwänden herab, die hoch und steil aufragen.

Kein Sonnenstrahl dringt in die Tiefe. Schrecken der Nacht und des Todes umgeben den Wanderer. An manchen Stellen sind Höhlen, in die sich tagsüber wilde Tiere zurückziehen. Wehe dem Schaf, das zurückbleibt. Bleiben die Schafe zaudernd vor der dunklen Kluft stehen, so ruft und lockt der Hirte, um sie hindurchzuführen; denn droben auf der Höhe liegen grüne Auen im Sonnenschein. Nach W. Hadorn

Und ging der Weg durch finstres Tal,
drin sich die Herden bangen,
und wär von Feinden ohne Zahl
dein Tier, mein Hirt, umfangen,
in Not und Nacht
hältst du die Wacht;
dein Waff' und Wehr nimmt wohl in acht,
die dir nur fest anhangen.

Arno Pötzsch

Wie köstlich ist deine Güte, Gott, daß Menschenkinder unter dem Schatten deiner Flügel Zuflucht haben! Psalm 36, 8

Dr. W. Baedeker bereiste als Bote Jesu weite Teile Rußlands. In der Weihnachtszeit besuchte er einmal die Bewohner eines Armenierdorfes in den Bergen Transkaukasiens. Einige Tage später wanderte er mit seinem Führer und Dolmetscher weiter durch die Schneewüste. Als es schon zu dunkeln anfing, erkannte der Führer, daß sie den Weg verloren hatten und in die Irre gingen. Er jammerte: „Wehe uns! Wir kommen bis zum Morgen um vor Kälte. Ich sehe die Heimat nicht wieder!" Dr. Baedeker beruhigte ihn: „Dann wollen wir hier auf der Stelle niederknien und unserem himmlischen Vater alles sagen." Er betete: „Vater, wir können nicht umkommen, denn wir sind allezeit in deiner Hand und unter dem Schatten deiner Flügel. Du kennst unsern Weg. Sende uns Hilfe in unserer Not und führe uns an einen sicheren Ort!" Noch während er betete, hörten die beiden fernes Hundegebell. „Das ist die Antwort des Vaters", rief der Doktor. Sie folgten der Richtung, aus der das Hundegebell kam, und standen nach einiger Zeit – es war schon stockdunkel – vor einem Tatarenlager. Nach Karl Weber

Nur zu dir steht mein Vertrauen,
daß kein Übel mich erschreckt;
mit dem Schatten deiner Flügel
sei mein wehrlos Haupt bedeckt.

C. Wesley

Fürchte dich nicht, glaube nur! Markus 5, 36

Dieses Wort sprach Jesus zu Jairus, da ihn die Nachricht erreichte, sein Töchterlein sei gestorben. Christus will demnach: selbst gegenüber dem Tode, ja im Sterben sollen wir uns nicht fürchten. Wie töricht ist doch die Furcht! In neunundneunzig von hundert Fällen, wo der Ängstliche sich gefürchtet, war's unnütz. Wie wahr sagt der Dichter: Der Feige stirbt schon hundertmal, ehe er stirbt.

Wieviel Böses tun die Menschen nur aus Furcht! Die meisten Lügen gehen auf Feigheit zurück. Furcht verzehrt vorzeitig die Lebens- und Arbeitskraft. Furcht ist ansteckend. Jeder Furchtsame schadet seiner Umgebung, indem er die geistige Atmosphäre verdirbt, mit Unruhe erfüllt. Darum ringen und beten wir darum, frei zu werden von der Furcht. Traugott Hahn

Sieht mein Kleinmut oft Gefahr,
fürcht ich auch zu unterliegen:
Christus beut die Hand mir dar,
Christus hilft der Ohnmacht siegen.
Daß mich Gottes Held verficht,
das ist meine Zuversicht.

C. B. Garve

Unser keiner lebt sich selber, und keiner stirbt sich selber. Leben wir, so leben wir dem Herrn; sterben wir, so sterben wir dem Herrn. Darum, wir leben oder sterben, so sind wir des Herrn. Römer 14, 7. 8.

Mein Tod liegt ganz in meines Herrn Hand. Er wird über Zeit und Ort meines Todes bestimmen. Ich werde sterben, sicher nicht, wenn Zufall oder blindes Schicksal mich trifft oder wenn böse Menschen es wollen, sondern dann, wenn mein Herr es will, nicht einen Augenblick früher oder später - und dort, wo er gerade mein Sterben brauchen wird, und so, wie er es nötig findet.

Aber noch wichtiger ist es doch: Ist mein Leben schon jetzt mit meines Herrn Leben verflochten, dann wird er bestimmt erst recht in meiner Sterbestunde mir innerlich nahe, in mir wirksam sein, mich haltend, helfend, rettend. An diese Tatsache der Gegenwart meines Herrn bei meinem Sterben darf ich ganz fest glauben, auch wenn ich in den Todesnöten nichts davon fühlen sollte. Traugott Hahn

Wenn ich einmal soll scheiden,
so scheide nicht von mir;
wenn ich den Tod soll leiden,
so tritt du dann herfür;
wenn mir am allerbängsten
wird um das Herze sein,
so reiß mich aus den Ängsten
kraft deiner Angst und Pein.

Paul Gerhardt

Und Gott wird abwischen alle Tränen von ihren Augen. Offenbarung 7, 17

Man schrieb den 27. Mai 1676, als für Paul Gerhardt das ersehnte Stündlein schlug. Ein Bild in der Kirche zu Lübben läßt uns seine Züge erkennen; es trägt die Inschrift: „Ein Theologe, der im Sieb des Satans gesichtet wurde“. Das weist auf sein von viel persönlichem Leid beschattetes Christenleben hin, auf die traurigen, bösen Zeiten, in denen Länder, Städte und Dörfer, Kirchen und Schlösser „durch Krieg und Feuerszorn zerstöret wurden“, auf so manche Unbill und Zurücksetzung, die er erlitten hat. Jawohl, ein Mann, der im Sieb des Satans gesichtet wurde, aber von dem Herrn, dem er sein Leben und Sterben befahl, dessen Werke und Wunder seine Lieder verkündigten, auch wunderbar bewahrt und im rechten christlichen Glauben erhalten wurde - bis ans Ende. Helmut Lamparter

Kann uns doch kein Tod nicht töten,
sondern reißt unsern Geist
aus vielen tausend Nöten,
schließt das Tor der bittern Leiden
und macht Bahn, da man kann
gehn zu Himmelsfreuden.

Was sind dieses Lebens Güter?
Eine Hand voller Sand,
Kummer der Gemüter.
Dort, dort sind die edlen Gaben,
da mein Hirt Christus wird
mich ohn Ende laben. Paul Gerhardt

denn Du bist

bei mir

Dein Stecken
und Stab
trösten mich.

Was sollte mich schrecken,
Dein Stab und Dein Stecken
geht treulich voran.
Wer könnte mir schaden,
bist Du in Gnaden
mir zugetan.

Der Herr ist treu; der wird euch stärken und bewahren vor dem Argen.

2. Thessalonicher 3, 3

Auf den Wüstenweiden drohen den Herden manche Gefahren. Der Hirte muß die Weide für seine Schafe suchen. Wilde Tiere, Hyänen, Bären und Wölfe sind eine große Gefahr. Zu jeder Zeit muß der Hirte bereit sein, mit seinem Leben seine Herde zu schützen. Die eichene Keule, mit eisernen Nägeln versehen, ist eine gefährliche Waffe in seiner Hand. Sie ist mit einem Lederriemen an seinem Handgelenk befestigt, so daß er sie im Nahkampf nicht verlieren kann. Der lange Hirtenstab ist am Ende umgebogen; er dient dazu, den Schafen den Weg zu zeigen, sie aus Gefahren zu retten und das ungehorsame Schaf zu bändigen. So ist der Stecken für die Feinde, der Stab für die Schafe bestimmt. Nach D. H. Dolman

O wie könnt ein Mund erzählen,
was du deiner Herde bist?
Welch ein Gutes kann uns fehlen?
Unser Hirt ist Jesus Christ.

Kann Gefahr und Not uns schrecken?
Ist nicht Kraft in deinem Arm?
Uns ermannt dein Stab und Stecken
und vertreibet Angst und Harm.

K. B. Garve

Wenn du durch Wasser gehst, will ich bei dir sein, daß dich die Ströme nicht ersäufen sollen; und wenn du ins Feuer gehst, sollst du nicht brennen, und die Flamme soll dich nicht versengen. Denn ich bin der Herr, dein Gott, der Heilige Israels, dein Heiland.

Jesaja 43, 2. 3.

Was erweist sich als Stecken und Stab in den gefahrvollen Stunden des Lebens? Es ist die Verheißung Gottes, seine Zusage, sein Wort, auf das wir uns wie auf einen starken Stab stützen dürfen. Warum machen wir nicht mehr Gebrauch von diesem Stecken und Stab? Warum nehmen wir Gott nicht mehr bei seinem Wort? Er wartet nur darauf, daß wir es tun. Er ist bereit, uns mit seinem Stecken und Stab zu trösten. Wir brauchen nur die Worte auszusprechen: „Du bist bei mir", so berührt uns sein Stecken und Stab, so fühlen wir seine Nähe, so können wir getrost unsere Straße ziehen, ohne ein Unglück zu fürchten.

Wilhelm Hadorn

Unter deinem Schirmen
bin ich vor den Stürmen
aller Feinde frei.
Laß den Satan wettern,
laß die Welt erzittern,
mir steht Jesus bei.
Ob es jetzt gleich kracht und blitzt,
ob gleich Sünd und Hölle schrecken,
Jesus will mich decken.

Johann Frank

Siehe, ich bin bei euch alle Tage bis an der Welt Ende. Matthäus 28, 20

Ein Unglück ist nur dann zu fürchten, wenn wir allein sind. Solange man ein Leid, eine Trübsal gemeinsam tragen und einander klagen kann, ist es nicht so schwer. Aber allein sein, einsam sein, verlassen sein, niemand haben, da werden die Todesschatten übermächtigt. Da ist die Dunkelheit noch einmal so dunkel und der Seele noch einmal so bang. Es gibt so viele einsame Menschen, die sich nicht anschließen, die unter den Menschen allein und unverstanden bleiben. Daß sie sich doch halten könnten an die tröstliche Zusage: „Du bist bei mir, dein Stecken und Stab trösten mich."

Wilhelm Hadorn

Ja, du bleibst, du hast's versprochen:
Ich bin bei euch allezeit.
Du hast nie ein Wort gebrochen,
brichst's auch nicht in Ewigkeit.
Schlaft, ihr Glieder; wache, Seele!
Jesus bleibt und hält die Wacht,
welchem ich euch froh befehle;
das ist eine gute Nacht.

Ph. Friedrich Hiller

Dennoch bleibe ich stets an dir; denn du hältst mich bei meiner rechten Hand, du leitest mich nach deinem Rat und nimmst mich am Ende mit Ehren an. Psalm 73, 23. 24.

Nach dem gewaltsamen Tod ihres Mannes durchlitt Anny Hahn den tiefen Schmerz der Trennung nach fünfzehn Jahren des Glücks, des gemeinsamen Lebens. Sie berichtet: Wer kann aus einer solchen Qual befreien? Gott selbst, der die einzige Zuflucht ist in solchen Stunden der Tiefe, er fand einen Weg. Er erinnerte mich an manches Wort meines Mannes, der einmal in einer Predigt gesagt hat: „Es gibt nur eine Stätte, da lernt man das Dennoch des Glaubens für alle Fälle, das ist Golgatha!" Dorthin richtete ich nun meinen Blick, und erst jetzt verstand ich wirklich, was das Kreuz für uns bedeutet. Auch den Jüngern mußte es ja völlig dunkel und unbegreiflich gewesen sein, als Christus, der Herr der Welt und Gottes geliebter Sohn, am Kreuz starb. Und doch war es die größte Liebes- und Erlösungstat Gottes. Das gab mir das Vertrauen, daß auch in meinem kleinen Schicksal ein Liebeswille Gottes verborgen sei, so wenig ich es jetzt auch verstand.

Und dennoch, wenn's auch tobt und stürmt
und Dunkel mich umhüllt,
wenn Woge sich auf Woge türmt
und fast mein Schifflein füllt:
ja dennoch will ich stille sein,
nicht zagen in Gefahr,
will flüchten mich in Gott hinein
und ruhn da immerdar. Friedrich Traub

Jesus spricht: Ich bin die Auferstehung und das Leben. Wer an mich glaubt, der wird leben, ob er gleich stürbe; und wer da lebet und glaubet an mich, der wird nimmermehr sterben. Johannes 11, 25. 26.

„Eines Tages werdet ihr in den Zeitungen lesen, daß Moody tot ist. Glaubt kein Wort davon! In diesem Augenblick werde ich lebendiger sein als jetzt. Ich wurde im Fleisch geboren im Jahre 1837. Ich wurde im Geist geboren im Jahre 1855. Was im Fleisch geboren ist, mag sterben, aber was im Geist geboren ist, wird ewig leben."

Kurz vor seinem Tod bekennt Moody: „Seinen Stern sehen, das ist gut. Aber sein Antlitz sehen, das ist weit besser. Die Erde weicht, der Himmel öffnet sich vor mir! Kein Schmerz, kein dunkles Tal. Alles ist Segen."

Dwight L. Moody

Jesu, hilf mir, dir anhangen,
wie das Schaf am Hirten hängt,
stets im Glauben dich umfangen,
wie mich deine Gnad umfängt.
Kommt es dann zur letzten Not,
so versiegle mir im Tod,
was ich dir geglaubt auf Erden,
und laß es zum Schauen werden!

Benjamin Schmolck

Jesus Christus hat dem Tode die Macht genommen und das Leben und ein unvergänglich Wesen ans Licht gebracht durch das Evangelium.

2. Timotheus 1,10

Hermann Bezzel (1861-1917) wurde mit dreißig Jahren zum Rektor der Diakonissenanstalt Neuendettelsau berufen. 1909 kam er nach München, um das Amt des Kirchenpräsidenten der Bayrischen Landeskirche zu übernehmen. Durch seinen unermüdlichen Predigt- und Seelsorgedienst wurde er vielen zum Segen. Er lebte im „heiligen Heimweh" und richtete immer wieder den Blick auf die Vollendung. Kurz vor seinem Sterben hob er plötzlich den Kopf, schaute in die Höhe und sagte: „Wie wunderbar!" Er sah in die Ewigkeit, vor der andere sich noch fürchten: „Weg mit der falschen Traurigkeit, weil wir sterben müßen! Her mit der großen Freudigkiet, daß wir sterben dürfen! Weg mit der Angst vor dem Tode, als ob er das Leben schließe! Her mit der Freude über den Tod, weil jetzt das Leben erst beginnt!"

Jesus lebt! Nun ist der Tod
mir der Eingang in das Leben.
Welchen Trost in Todesnot
wird er meiner Seele geben,
wenn sie gläubig zu ihm spricht:
Herr, Herr, meine Zuversicht!

Christian Fürchtegott Gellert

Da wurden die Jünger froh, daß sie den Herrn sahen. Johannes 20, 20

Die Jünger haben in den österlichen Tagen nicht Visionen gehabt, sie haben sich nicht allmählich beruhigt, indem sie sich zu der Gewißheit durchrangen, daß der von der Welt Verworfene dennoch der von Gott Bestätigte sei. Nein, die Jünger haben in den 40 Tagen, die dem Osterereignis folgten, Stunden überwältigender Gemeinschaft mit Christus erlebt, der ihnen in verklärter Herrlichkeitsgestalt begegnete, der mit ihnen sprach, der mit ihnen das Heilige Mahl hielt, ja, der sich von dem Zweifler Thomas anrühren ließ, um auch ihn der Auferstehung froh und gewiß zu machen.

Adolf Köberle

Es saßen die Jünger bei verschlossenen Türen.
Doch Jesus tritt ein – aus der Angst sie zu führen.

Er spricht zu ihnen: „Friede mit euch!"
Da wurden sie froh – und sehend zugleich.

Er sendet sie hin – den Sieg zu verkünden.
Die Kraft seines Geistes wird Herzen anzünden.

Daß Thomasnaturen in zweifelnder Not
erfahren: „Er lebt, er lebt, mein Herr und mein Gott!"

H. S.

Du bereitest

vor mir

einen Tisch
im Angesicht
meiner Feinde

Zur Wanderreise
reichst Du mir die Speise
den vollen Pokal,
führst mich zu Tische,
daß mich erfrische
das heilige Mahl.

Ein Psalm Davids.
Der Herr ist mein Hirte, mir wird nichts mangeln.
Er weidet mich auf einer grünen Auen und führet mich zum frischen Wasser.
Er erquicket meine Seele, er führet mich auf rechter Straße umb seines Namens willen.
Und ob ich schon wandert im finstern Tal, fürchte ich kein Unglück, denn du bist bei mir, dein Stecken und Stab trösten mich.
Du bereitest vor mir einen Tisch gegen meine Feinde, du salbest mein Haupt mit Öle und schenkest mir voll ein.
Gutes und Barmherzigkeit werden mir folgen mein Leben lang, und werde bleiben im Hause des Herrn immerdar.
24. Psalm.
Ein Psalm Davids.
Die Erde ist des Herrn, und was drinnen ist, der Erdboden, und was drauf wohnet.
Denn er hat ihn an die Meere gegründet und an den Wassern bereitet.
Wer wird auf des Herrn Berg gehen, und wer wird stehen an seiner heiligen Stätte?
820

Du rüstest den Tisch mir meinen Drängern zugegen.

Psalm 23, 5 nach M. Buber

Dem Wanderer, der das dunkle Tal durchschritten hat, tritt der Hirt als milder und freundlicher Wirt entgegen, der ihm den Tisch deckt und ihm den vollen Becher reicht. So war es auch bei Joseph! Der Haß und Neid seiner Brüder, der drohende Tod in der Zisterne, die Auslieferung an die midianitischen Sklavenhändler, die ungerechte Anklage und die jahrelange Kerkerhaft ohne Aussicht auf Erlösung; das war ein finsteres Tal, in das er nach einer sonnigen Jugend hinabsteigen mußte.

Aber Joseph durfte es erfahren: Du bist bei mir, du bereitest mir einen Tisch vor den Augen des Potiphar und seiner Frau, vor den Augen der Brüder. Sie mußten sich vor ihm niederwerfen, um aus seiner Hand Leben und Gnade zu empfangen. Nach Wilhelm Hadorn

Du machst mir einen Tisch bereit
im Auge meiner Feinde,
verscheuchest Angst und Traurigkeit,
sprichst freundlich zu dem Freunde.

J. Fr. Meyer

Denn er deckt mich in seiner Hütte zur bösen Zeit. Und nun erhebt sich mein Haupt über meine Feinde. Psalm 27, 5. 6.

Wer am Geisteskampf der Zeit teilnimmt, wer sich in der Tat mit seinem Leben und Wandel zu Christus bekennt, der kann es nicht tun, ohne sich Feinde zu schaffen. Mit vieviel Spott und Hohn, Anfechtung, Verleumdung und Feindschaft ist oft ein Jünger Jesu umgeben. Sollten sich die Kinder Gottes nicht damit trösten dürfen, daß Gott ihnen schließlich Recht schaffen wird vor den Augen ihrer Feinde? Gott hat es an den verfolgten Quäkern getan, an den Salzburgern, an den Hugenotten und nicht zuletzt auch am Volk Israel. Die Feinde mußten ohnmächtig zusehen, wie Gott ihnen eine Heimat bereitet und ihnen den Tisch gedeckt hat. Ist es für Gott eine geringe Sache, den Trotz der Stolzen zu brechen, so soll es doch unsere Hauptsorge sein, daß wir Gott treu bleiben, damit er sich dann auch zu uns bekennen kann. W. Hadorn

Ja, Jesus siegt,
obschon das Volk des Herrn
noch hart daniederliegt.
Wenn Satans Pfeil
ihm auch von nah und fern
mit List entgegenfliegt,
löscht Jesu Arm die Feuerbrände;
das Feld behält der Herr am Ende.
Ja, Jesus siegt!

Johann Christoph Blumhardt

Mephiboseth aber wohnte in Jerusalem, denn er aß täglich an des Königs Tisch.

2. Samuel 9, 13

Auf dem Höhepunkt seiner Macht erinnerte sich David, der König Israels, an ein Versprechen, das er einst seinem Freund Jonathan, dem Sohne Sauls, gegeben hatte. Er wollte wissen, ob vom Hause Sauls noch jemand lebt, dem er Barmherzigkeit erweisen könnte. Da fand sich Mephiboseth, ein Sohn Jonathans, der an beiden Füßen gelähmt war. Er lebte fern von Jerusalem in einer armen Gegend, wohl in Furcht vor der Rache des Königs. Doch David wollte ihm wohltun um seines Vaters Jonathan willen. Der Gelähmte soll in der Nähe des Königs leben und täglich an der reich gedeckten Königstafel essen. Die Armut, die Angst soll ein Ende haben. Mephiboseth erkennt das unverdiente Vorrecht und nimmt die königliche Einladung an. Die Zuneigung Davids zu diesem verkrüppelten Sohn Jonathans ist ein Bild der Gnade Gottes, die er elenden Sündern zuwendet. Er lädt uns um Jesu willen ein an seinen Tisch. Und wir dürfen mit Spurgeon bitten: „Herr, sättige die Deinen mit dem Brot deines Gnadentisches."

Kommt her, verzagte Sünder,
und werft die Ängste weg;
kommt her, versöhnte Kinder,
hier ist der Liebesweg.
Empfangt die Himmelslust,
die heil'ge Gottesspeise,
die auf verborgne Weise
erquicket jede Brust.

Ernst Moritz Arndt

Ich bin das Brot des Lebens. Eure Väter haben das Manna gegessen in der Wüste und sind gestorben. Dies ist das Brot, das vom Himmel kommt, auf daß, wer davon isset, nicht sterbe. Johannes 6, 48–50

Das Wort vom Brot ist ein unerhörter Anspruch, noch gesteigert durch die Erinnerung an die Wüste. So notwendig glaubt Jesus zu sein wie jenes Manna, mit dem Israel sein Leben fristen konnte. So abhängig seien wir von ihm wie Israel an jedem frühen Morgen von dem neuen Manna. Ja, so angewiesen auf ihn wie darauf, daß überhaupt Brot da ist, daß die Saat, die der Bauer sät, von neuem keimt und blüht und Frucht bringt und kein Reif in einer Nacht die Hoffnung seines Akkers vernichtet. So abhängig seien wir von ihm, von Tag zu Tag und von Jahr zu Jahr. Hans Engelland

O gib dein Manna mir zu essen;
dein Freudenwein erfülle mich!
O laß mich deiner nie vergessen;
in meinem Geist verkläre dich!
So halt ich täglich Abendmahl;
denn dein Verdienst ist ohne Zahl.

E. G. Woltersdorf

Ich bin das lebendige Brot, vom Himmel gekommen. Wer von diesem Brot essen wird, der wird leben in Ewigkeit. Johannes 6, 51 a

Warum ist dieses lebendige Brot so unentbehrlich für uns, so bitter nötig? Um der tiefen Wunde willen, an der das Manna in der Wüste versagte und an der unser Brot heute in gleicher Weise versagt. Die Saat auf den Feldern ist nicht nur neue Hoffnung auf Leben, sondern zugleich Eingeständnis, daß es am Ende ein aussichtsloser Kampf ist, in dem das Brot täglich geopfert wird: „Ihre Väter haben Manna gegessen in der Wüste und sind gestorben." Das ist die heimliche, unendliche Traurigkeit, die über unserem Brot liegt, daß es unser Sterben immer nur hinauszögert, daß es den Tod nicht von Grund auf überwindet.

Doch gerade unser aussichtsloser Kampf ist der Ort, an dem Jesus eingreift. Gerade dort geht er hin, wo uns alle Wege verschlossen sind: in den Tod, um durch sein Sterben und Auferstehen den Tod zu überwinden. Für uns. Gerade auch für uns. Nach Hans Engelland

Du bist mein Erbarmer
und mein bester Freund,
meines Lebens Sonne,
die mir lacht und scheint
auch in finstern Nächten
und durchs Todestal
mir hinüberleuchtet
zu des Lammes Mahl.

Gustav Knak

Und Jesus sprach zu seinen Jüngern: Mich hat herzlich verlangt, dies Osterlamm mit euch zu essen, ehe denn ich leide.

Lukas 22, 15

Das Abendmahl des Neuen Bundes hat ein alttestamentliches Vorbild: das Passamahl. Die Israeliten feierten das Passafest im Gedenken an den dramatischen Auszug der Stämme Jakobs aus Ägypten. Dieser Auszug war eine machtvolle Befreiungstat Gottes in Gnade und Gericht. Es war die Auferstehungsfeier aus der Todesnacht des Leidens und der Sklaverei. Jesus wollte nun dieses Passamahl als Abschiedsmahl mit seinen Jüngern feiern, um es einmünden zu lassen in das Abendmahl des Neuen Testamentes. Er wußte, daß er das Passalamm sein wird, das Gott erwählt hat, zur Erlösung der Welt. Und während in den israelitischen Häusern das Passalamm gegessen wurde, starb Jesus am Kreuz. Er ist gestorben als das Lamm Gottes, das die Sünde der Welt auf sich nahm. Sollte es nicht auch unser herzliches Verlangen sein, mit ihm, dem Lamm Gottes, Abendmahl zu feiern?

O Lamm Gottes, unschuldig
am Stamm des Kreuzes geschlachtet,
allzeit funden geduldig,
wiewohl du warest verachtet;
all Sünd hast du getragen,
sonst müßten wir verzagen.
Erbarm dich unser, o Jesu.

Nikolaus Decius

So sollt ihr's aber essen: Um eure Lenden sollt ihr gegürtet sein und eure Schuhe an euren Füßen haben und den Stab in der Hand und sollt es essen als die, die hinwegeilen; es ist des Herrn Passa. 2. Mose 12, 11

So sollen sie das Mahl nehmen und das Passafest feiern: bereit zum Aufbruch, als die Hinwegeilenden. Das Volk soll endgültig befreit werden von den knechtenden Mächten. Es soll sich durch nichts mehr binden und aufhalten lassen, damit es die Freiheit nicht versäume. Wenn Gott eine Chance schenkt, dann muß sie ohne Verzug genützt werden, sonst besteht Gefahr, daß andere Mächte wieder Oberhand über uns gewinnen. Gottes Volk soll daran erinnert werden, daß es unterwegs ist. Es ist in dieser Welt nicht daheim, sondern in der Fremde. Wir sollen uns hier auf Erden nicht so einrichten, als hätten wir hier unsere Bleibe, als fänden wir hier Erfüllung und Ziel. Der Christ lebt auf die Heimat hin und gibt sich nicht zufrieden mit dem Gegenwärtigen und Diesseitigen.

Nach Hans Schönweiß

Als berufen zu den Stufen
vor des Lammes Thron
will ich eilen; das Verweilen
bringt oft bösen Lohn.
Wer auch läuft und läuft zu schlecht,
der versäumt sein Kronenrecht.
Was dahinten, das mag schwinden,
ich will nichts davon.

Ph. Friedrich Hiller

Du salbest mein Haupt mit Öl und schenkest mir voll ein.

Dein Blut und Leben,
ans Kreuz gegeben,
bist Du gewillt,
dem Sünder zu reichen
in irdischen Zeichen,
dem Auge verhüllt.

Du salbest mein Haupt mit Öl und schenkest mir voll ein. Psalm 23, 5

Es ist Abend geworden. Die Sonne versinkt am Horizont. Der Hirte bringt seine Schafe zum Nachtlager. Er steht am Eingang und läßt die Schafe an sich vorübergehen. Mit seinem Stab hält er die Schafe zurück, um jedes einzelne sorgfältig zu beobachten. Da hinkt ein Schaf, weil es ein Knie am Felsen gequetscht hat. Ein anderes blutet am Kopf, von Dornen verletzt. Aus seinem Horn nimmt der Hirte Olivenöl und bestreicht die Wunden. Den müden Schafen gießt er das erfrischende Öl aufs Haupt. Dann füllt der Hirte den großen zweihenkeligen Krug mit Wasser und läßt die erschöpften Schafe trinken.

Gott sorgt nicht nur für Verwundete und Zerschlagene, sondern auch für die Müden und Matten.

Nach D. H. Dolman

O du treuer Menschenhüter,
Nacht ist vor dir wie der Tag;
allgewaltiger Gebieter,
du verwandelst Schmerz und Plag
unversehns in Dank und Freuden.
Ach laß alle, die jetzt leiden,
bald erlöst aus ihrer Pein
deiner Vaterhuld sich freuen!

Paul Gerhardt

Mein Becher fließt über. Psalm 23, 5 Elberfelder Übersetzung

Der Gläubige hat nicht nur genug, er hat mehr als genug; er hat nicht nur einen vollen Becher, sondern einen überfließenden Becher.

Das kann der Arme ebenso sagen wie der Reiche. Ein Mensch kann noch so reich sein; aber wenn er nicht zufrieden ist, kann sein Becher nicht überfließen. Zufriedenheit ist der Stein der Weisen, der durch seine Berührung alles in Gold verwandelt. Glücklich der, der ihn gefunden hat! Zufriedenheit ist nur ein anderes Wort für Glück. C. H. Spurgeon

Mein Herr ist unbeschreiblich gut,
und was er täglich an mir tut,
kann niemand besser machen!
Sein Herz, sein Wort, sein Geist, sein Blut,
sein duldender und sanfter Mut
sind unerhörte Sachen.
Laßt mich ewig mit Verlangen
an ihm hangen
und mit Freuden
unter seinem Stabe weiden!

E. G. Woltersdorf

Der Herr Jesus in der Nacht, da er verraten ward, nahm er das Brot, dankte und brach's und sprach: Nehmet, esset, das ist mein Leib, der für euch gegeben wird. 1. Korinther 11, 23. 24.

Jesus ist der Hausherr und Gastgeber, der sein Mahl und seine Gaben austeilt. Er ist es auch nach seinem Tod und seiner Auferstehung als der Erhöhte. Nicht Menschen verfügen über dieses Mahl, nicht sie spenden und teilen aus, sondern es ist im Grunde immer der Herr selbst.

Wir sind immer bei ihm selbst zu Gast, wenn wir zum Tisch des Herrn gehen, nicht bei einer Gemeinde, auch nicht bei dem Pfarrer. Das Abendmahl war von Anfang an das „Mahl des Herrn". Die Gabe des Abendmahls ist der Leib und das Blut des Herrn. Die eigentliche Gabe des Abendmahls ist also Jesus selbst. Er schenkt sich seinen Jüngern zu einer ganz neuen und personalen Gemeinschaft. Was der Inhalt seines ganzen Lebens war, kommt hier zur Vollendung: Hingabe an die Seinen. Hans Schönweiß

Du hast zu deinem Abendmahl
als Gäste uns geladen:
nun stehn wir, Herr, in deinem Saal,
mühselig und beladen.
Wir tragen unsrer Wege Leid,
viel Sorgen, Schuld und Schmerzen;
ob reich, ob arm, dich irrt kein Kleid,
du weißt die Not der Herzen.

Arno Pötzsch

Und Jesus nahm den Kelch und dankte, gab ihnen den und sprach: Trinket alle daraus; das ist mein Blut des Bundes, das vergossen wird für viele zur Vergebung der Sünden.

Matthäus 26, 27. 28. nach Th. Schlatter

Unermeßliche Reichtümer für unser armes Leben eröffnen sich hier. Nahe in Beugung und Anbetung! Ich esse sein Fleisch, ich trinke sein Blut. Vernunft kann es nicht begreifen. Und die Kraft seines Blutes und die Kraft seiner Auferstehung und seines unendlichen Lebens durchgeht mein Leben, meinen Geist, meine Seele, meinen Leib. Ich habe übernatürliche Kraft empfangen in Stunden großer Leibesschwachheit durch das Blut des Sohnes Gottes. Es liegen wunderbare Segens-, Heiligungs- und Heilungskräfte im Heiligen Mahl. Sein Blut, das ist „Christus in uns“, das bedeutet Herrlichkeit schon hier und wie erst am Tage der Hochzeit des Lammes. Nach Johannes Roos

Heil'ger Kelch, sei mir gesegnet,
weil mir der in dir begegnet,
dessen Blut mich lässet finden
die Vergebung aller Sünden.
Daß ich einen Heiland habe,
der die matte Seele labe,
muß dies nicht mein Dürsten stillen
und mein Herz mit Wonne füllen?

E. G. Woltersdorf

So oft ihr von diesem Brot esset und von diesem Kelch trinket, verkündigt ihr des Herrn Tod, bis daß er kommt.

1. Korinther 11, 26

Die äußeren Zeichen, Brot und Wein, sollen uns immer an den gebrochenen Leib Christi und an sein vergossenes Blut erinnern. Der wahre Christ sucht dabei nicht Absolution seiner Sünden, sondern er feiert den Sieg unseres Königs. Den Tod des Herrn verkündigen heißt, den Sieg von Golgatha vor der sichtbaren und unsichtbaren Welt proklamieren. Unser Herr Jesus Christus hat über Teufel, Hölle und Sünde gesiegt in den qualvollen Stunden seines Leidens. Der Fürst dieser Welt ist überwunden; der Tod ward vernichtet und Leben und Unsterblichkeit geoffenbart auf Golgatha. Wir sind erlöst und durch das Blut Christi zu Gottes Kindern und Erben der Seligkeit gemacht. Das verkündigen wir, so oft wir von dem Brot essen und den Kelch des Herrn trinken. Jakob Vetter

Die wir uns allhier beisammen finden,
schlagen unsre Hände ein,
uns auf deine Marter zu verbinden,
dir auf ewig treu zu sein.
Und zum Zeichen, daß dies Lobgetöne
deinem Herzen angenehm und schöne,
sage „Amen" und zugleich:
„Friede, Friede sei mit euch!"

C. R. Graf von Zinzendorf

Wir haben aber solchen Schatz in irdenen Gefäßen, auf daß die überschwengliche Kraft sei Gottes und nicht von uns.

2. Korinther 4, 7

Wehren wir uns nicht heimlich dagegen, daß Gott das Evangelium in irdene Gefäße hinein gibt? Meinen wir nicht, daß es eigentlich anders sein sollte? Müßte die Kraft des Auferstandenen nicht an uns sichtbar sein? Niemand würde es dann noch wagen, seine Gemeinde anzutasten. Müßte seine Gegenwart uns nicht immer gewiß sein? Niemand von uns würde dann eine innere Leere erfahren und in Tiefen sinken können, die kein Trost erreicht, und Nächte erleben, in denen der Glaube weicht. Und müßte er nicht aus jeder Not helfen? Niemand von uns würde ihn dann vergeblich bitten.

Aber mußte der Apostel Paulus nicht vergebens bitten, ihm das Leiden abzunehmen, das ihn schmerzlich behinderte? Er läßt uns irdene Gefäße bleiben, denn es ist seine Ehre, daß diese Kraft von Gott ist und nicht von uns. Hans Engelland

Sie wandeln auf Erden und leben im Himmel,
sie bleiben ohnmächtig und schützen die Welt;
sie schmecken den Frieden bei allem Getümmel,
sind arm, doch sie haben, was ihnen gefällt.
Sie stehen im Leiden und bleiben in Freuden;
sie scheinen ertötet den äußeren Sinnen
und führen das Leben des Glaubens von innen.

C. F. Richter

Ich sage euch: Ich werde von nun an nicht mehr von diesem Gewächs des Weinstocks trinken bis an den Tag, da ich's neu trinken werde mit euch in meines Vaters Reich.

Matthäus 26, 29

Jesus lenkt den Blick seiner Jünger auf die neue Welt, die mit seinem Erscheinen anbrechen wird. Er stellt diese neue Welt unter das Bild des Mahles, das er mit den Seinen feiern wird „in seines Vaters Reich". Jesus wird dann mit ihnen in engster und vollkommener Gemeinschaft leben, nicht mehr nur im Glauben, auf geistliche Weise, sondern im Schauen, sichtbar, leibhaftig. Das neue Leben in der Ewigkeit wird nichts grundsätzlich Neues bringen gegenüber dem Leben hier in der Zeit. Hier wie dort ist das Entscheidende die Gemeinschaft mit Jesus Christus.

Der Unterschied ist nur der: Was sich hier im Glauben, unsichtbar, verborgen vollzieht, wird drüben offenbar sein, und was hier bruchstückhaft geschieht, wird drüben vollkommen sein. Himmel und Seligkeit heißt, ewig mit Jesus leben dürfen. Hölle bedeutet, ohne ihn leben müssen in Ewigkeit. Nach Hans Schönweiß

Jenes Mahls will ich gedenken,
da du vom neuen Weinstock tränken
dein Volk und mit ihm trinken wirst.
O, was wird man da erfahren,
wenn nun nach allen Glaubensjahren
zu Tische sitzt der Lebensfürst!

Albert Knapp

Gutes und Barmherzigkeit werden mir **folgen** mein Leben lang

---

Erbarmen und Güte
umfängt mein Gemüte,
in Deinem Schoß
weiß ich mich gebettet,
ja ewig errettet –
o seliges Los!

Nur Gutes und Holdes verfolgen mich nun alle Tage meines Lebens.

Psalm 23, 6 nach M. Buber

Weil David auf der Wegstrecke, die hinter ihm liegt, mit seinem Gott nur gute Erfahrungen gemacht hat, kann er gewiß sein, daß ihm auch in Zukunft Gutes und Barmherzigkeit folgen werden. Das heißt nicht, daß es jetzt keine Schwierigkeiten mehr zu überwinden gibt. Es steht ja nicht da, daß uns der Weg nur mit Gutem geebnet wird, daß uns Gnade und Barmherzigkeit vorangehen. Es heißt, daß sie uns nachfolgen werden. Sie folgen uns als Frucht unseres Lebens und unserer Kämpfe. Wie mancher Vater, wie manche Witwe, wie mancher Christ hat in dieser harten Welt ein Leben lang nichts Gutes gehabt. Aber ihrem Leben und Wirken folgten Gutes und Barmherzigkeit nach, und die Kinder haben es ernten können.

Nach W. Hadorn

Gutes und alle erbetenen Gaben
folgen dir, bis man dich leget ins Grab;
ja, du wirst selber den Himmmel noch haben.
Ei, warum sagst du den Sorgen nicht ab?
Werde doch in dir recht ruhig und stille!
Dies ist des Vaters, des Ewigen, Wille.

C. L. Edeling

Lobe den Herrn, meine Seele, und vergiß nicht, was er dir Gutes getan hat. Psalm 103, 2

Wenn die Erinnerungen der Jugend wieder wach werden, wenn man auf den Weg zurückblickt, den Gott geführt hat, dann muß man mit dankbarem Herzen ausrufen: „Nur Gutes und Gnade folgen mir alle Tage meines Lebens."

Mit mir - der Herr;
unter mir - grüne Auen;
neben mir - frisches Wasser;
vor mir - eine Mahlzeit;
um mich - Freude;
hinter mir - Gutes und Gnade;
vor mir - des Vaters Haus. D. H. Dolman

Ja, Gutes und Barmherzigkeit
wird lebenslang mir werden;
ich bleib im Haus des Herrn die Zeit,
die ich noch leb auf Erden.
Und ist des Lebens Wallfahrt aus,
dann trägt mich in sein Vaterhaus
der Flügel treuer Liebe.

J. Fr. Meyer

Der dein Leben vom Verderben erlöst, der dich krönet mit Gnade und Barmherzigkeit.

Psalm 103, 4

Rosemarie Pohl wurde schon in jungen Jahren krank und war vom 20. Lebensjahr an auf den Rollstuhl angewiesen. Ihr Leben war gezeichnet von notvollen Begrenzungen und schmerzlichen Beschwerden. Sie sagte einmal: „Ich bin ganz in Schmerzen eingehüllt."

Über 15 Jahre schrieb sie Briefe an dauerkranke junge Mädchen. In ihrem letzten Rundbrief heißt es: „Es war und ist einfach großartig, wie in den größten Notsituationen ein tiefes Getrostsein und echte Furchtlosigkeit angesichts der Frage: ‚Wie wird es weitergehen?' wachsen können. Der Entschluß, dem Herrn uferlos zu vertrauen, lohnt sich hundertprozentig. Da gibt es die Barriere: ‚Warum läßt das Gott zu?' nicht mehr. Ich vermag, ihm über aller Not meines Lebens recht zu geben." Als man ihr die Losung drei Tage vor ihrem Tode las: „Wie soll ich dir vergelten die Wohltaten, die du an mir tust?", sagte sie: „Ja, ja." Und später: „Ich kann mich ganz in seine Hände fallen lassen." Nach Sigrid Kerler

Dies laß ich kein Geschöpf mir rauben,
dies soll mein einzig Rühmen sein;
auf dies Erbarmen will ich glauben,
auf dieses bet ich auch allein,
auf dieses duld ich in der Not,
auf dieses hoff ich noch im Tod.

Philipp Friedrich Hiller

Ich weiß, an wen ich glaube, und bin gewiß, er kann mir bewahren, was mir anvertraut ist, bis an jenen Tag. 2. Timotheus 1, 12

Der Freiheitsdichter Ernst Moritz Arndt (1769–1860) hat durch seine Mutter, die eine eifrige Bibelleserin war, tiefe Eindrücke des christlichen Glaubens bekommen. Sein Kinderglaube wurde jedoch durch die Aufklärungsweisheit beim Religionsunterricht verwandelt in frechen Spott des Jünglings. Nach manchen Verwirrungen fand er in späteren Jahren zum Glauben zurück.

Als Professor für Geschichte wirkte er in Greifswald und in Bonn. Wegen seiner patriotischen Streitschriften gegen Napoleon, den er den großen Zerstörer der Völker nannte, wurde er 20 Jahre lang amtsenthoben. Dieser bittere Weg ließ ihn im Glauben nicht irre werden: „Diese Zeit kann auch einen Professor zum Bettler machen und ihn auf die Probe stellen, ob er Kartoffeln mit Salz ertragen kann. Die Frage ist, ob der Glaube standhält, daß in diesem kurzen Leben alles aufgegeben werden muß – nur nicht die Wahrheit und das Recht.“ Darum konnte er singen:

Ich weiß, woran ich glaube,
ich weiß, was fest besteht,
wenn alles hier im Staube
wie Sand und Staub verweht;
ich weiß, was ewig bleibet,
wo alles wankt und fällt,
wo Wahn die Weisen treibet
und Trug die Klugen prellt.

Ernst Moritz Arndt

Der Gott, vor dem meine Väter Abraham und Isaak gewandelt sind, der Gott ist mein Hirte gewesen mein Leben lang bis auf diesen Tag. 1. Mose 48, 15

Am Ende seines Lebens rühmt der Erzvater Jakob die Hirtentreue Gottes, während er die Söhne Josephs segnet. Er denkt wohl dabei zurück an sein bewegtes Hirtenleben. War er nicht umhergeirrt wie ein verlorenes Schaf? Und doch durfte er bekennen: Der Gott meiner Väter ist mein Hirte gewesen von meiner Jugend an. Er hat mich geführt, gesegnet und zurechtgebracht. Dort am Pniel, da ihm die Sonne aufging, als er mit dem Engel des Herrn rang und ihm die Hüfte verrenkt wurde, als er den neuen Namen „Israel" (einer der mit Gott kämpft) bekam, da erwies sich Gott als der Hirte seines Lebens, der mit den Seinen zum Ziel kommt.

Herr, mein Hirt, Brunn aller Freuden,
du bist mein, ich bin dein, niemand kann uns scheiden.
Ich bin dein, weil du dein Leben
und dein Blut mir zugut in den Tod gegeben.

Du bist mein, weil ich dich fasse
und dich nicht, o mein Licht, aus dem Herzen lasse.
Laß mich, laß mich hingelangen,
da du mich und ich dich leiblich werd umfangen.

Paul Gerhardt

Er ruft mich an, darum will ich ihn erhören; ich bin bei ihm in der Not, ich will ihn herausreißen und zu Ehren bringen. Psalm 91, 15

Johann Jakob Moser (1701–1785) gehörte zu den bedeutendsten Rechtsgelehrten seiner Zeit. Durch den Einfluß Speners kam er zum lebendigen Glauben an Christus. 1751 wurde er nach Stuttgart berufen und hatte gegenüber dem despotischen Herzog Karl die Rechte des württembergischen Landes zu vertreten. Dabei zog er sich die Ungnade des Herzogs zu und wurde ins Schloß nach Ludwigsburg beordert. Er ging mit dem Bekenntnis:

„Unverzagt und ohne Grauen soll ein Christ, wo er ist, stets sich lassen schauen."

Der Herzog ließ den wackeren Moser ohne Verhör und Gericht zur Festung Hohentwiel abführen. Seiner Frau konnte Moser erst 6 Monate später schreiben: Fürchte Dich nicht, glaube nur. Der den Anfang der Verheißung erfüllt mit: „Ich bin bei ihm in der Not", der wird auch das weitere erfüllen: „Ich will ihn herausreißen und zu Ehren bringen."

Großer Hirte aller Herden
in dem Himmel und auf Erden,
liebster Heiland, Jesu Christ!
Laß in diesen letzten Zeiten
sich dein Reich noch mehr ausbreiten
als bisher geschehen ist.

Johann Jakob Moser

Und der auf dem Thron saß, sprach: Siehe, ich mache alles neu! Offenbarung 21, 5

Johannes vernimmt aus dem Munde Jesu ein Wort, das jeden Zweifel hebt, daß die herrlichste aller Visionen der Bibel, die Vollendung der Gemeinde – das himmlische Jerusalem mit Gott und dem Lamm im Mittelpunkt –, daß sie nicht Wirklichkeit werden könnte. Jesus bürgt selbst dafür: „Ich mache alles neu. Der ich das A und das O, der Erste und der Letzte, der Schöpfer und Erlöser bin, ich bin auch der Vollender aller Dinge. Ich mache alles neu, auch jetzt schon in dir. Ich mache dich selbst neu. O glaube an mich und überwinde die Verzagtheit, den Unglauben, die Sünde, überwinde im Glauben durch des Lammes Blut." „Wer überwindet, der wird das alles ererben." Nach Johannes Schneider

Was wir im Glauben hoffen,
wird endlich doch geschehn.
Bald stehn die Türen offen;
wir werden es noch sehn,
wie durch der Erde Breiten
sein Zepter siegreich zieht
und unser Aug von weitem
ihn herrlich kommen sieht.

Johann Christoph Blumhardt

und ich werde

bleiben

im Hause
des HERRN
immerdar.

Da will ich immer wohnen
und nicht nur als ein Gast
bei denen, die mit Kronen
Du ausgeschmücket hast.

Ich kehre zurück zu deinem Haus für die Länge der Tage.

Psalm 23, 6 nach M. Buber

Das Beste kommt zuletzt: die Heimkehr ins Vaterhaus. Wie das Ziel einer Fahrt auf dem Meer nicht ein endloses Kreuzen auf dem Ozean ist, sondern die Ankunft im heimatlichen Hafen, nach dem sich auch der ruheloseste Schiffer einmal sehnt, so ist das Ziel des Lebens, im Hause des Herrn anzukommen und dort zu bleiben allezeit. Man kann in seiner Kirche oder Kapelle ein Heimatgefühl haben.

Aber das Haus des Herrn, in welchem wir für immer bleiben werden, ist kein Tempel, keine Kathedrale, keine Kapelle. Es ist das Vaterhaus, von dem Jesus gesagt hat: In meines Vaters Hause sind viele Wohnungen.

Nach W. Hadorn

Da will ich immer wohnen
und nicht nur als ein Gast
bei denen, die mit Kronen
du ausgeschmücket hast.
Da will ich herrlich singen
von deinem großen Tun
und frei von schnöden Dingen
in meinem Erbteil ruhn.

Paul Gerhardt

Unsere Heimat aber ist im Himmel; von dort erwarten wir auch den Retter, den Herrn Jesus Christus.

Philipper 3, 20 nach Th. Schlatter

„Sie sind in der schlechteren Hälfte der siebziger Jahre“, sagte einmal jemand zu einem gläubigen Christen, worauf dieser erwiderte: „Nein, im Gegenteil, ich bin, Gott sei Dank, in der besseren Hälfte; denn ich bin 75 Jahre alt und daher der Heimat näher, als da ich im Anfang der siebziger Jahre stand.“

O ja, je mehr wir uns dem Vaterhaus nähern, um so glückseliger sollten wir uns fühlen und das rasche Dahinfliegen unserer Jahre ebensowenig beklagen, wie wir es bedauern, wenn der Winter seinem Ende naht oder wenn es aufhört zu regnen. Wie wir den lieblichen Mai, den blütenreichen Juni, den schönen Juli, den goldenen August und die herrlichen Herbsttage mit Freuden begrüßen, so sollten wir auch den Himmel, die Unsterblichkeit und die Freuden der Ewigkeit willkommen heißen. C. H. Spurgeon

Himmelan wallt neben dir
alles Volk des Herrn,
trägt im Himmelsvorschmack hier
seine Lasten gern.
O schließ dich an!
Kämpfe drauf, wie sich's gebührt;
denke: auch durch Leiden führt
die Himmelsbahn. J. G. Schöner

Und wenn ich hingehe, euch die Stätte zu bereiten, so will ich wiederkommen und euch zu mir nehmen, damit ihr seid, wo ich bin.

Johannes 14, 3

Der Missionsmann Karl Hartenstein (1894–1952), viele Jahre Direktor der Basler Mission und zuletzt Prälat in der Württembergischen Kirche, sagte in einer seiner letzten Predigten: „Christ sein heißt auf dem Wege sein zur Heimat." Er stand als Achtundfünfzigjähriger dieser Heimat näher, als er ahnte.

In seinem letzten Kampf ging es durch qualvolle Schmerzen. Als er zuletzt noch das Lied betete: „Hirte deiner Schafe", wiederholte er laut den Satz, der ihm Lebensinhalt war: „Jesus Christ mein Mittler ist." So konnte er leben und sterben in der Gewißheit: „Wir Christen haben den Tod hinter uns und das Leben vor uns! Das Sterben ist der Aufbruch und der Auszug zum Herrn, die große Heimkehr." Nach Helmut Ollesch

Hirte deiner Schafe, der von keinem Schlafe
etwas wissen mag,
deine Wundergüte war mein Schild und Hütte
den vergangenen Tag.

Decke mich von oben vor der Feinde Toben
mit der Vaterhuld.
Ein versöhnt Gewissen sei mein Ruhekissen;
drum vergib die Schuld.
Jesus Christ mein Mittler ist;
er hat das, was ich verschuldet,
williglich erduldet. Benjamin Schmolck

Ich glaube aber doch, daß ich sehen werde die Güte des Herrn im Lande der Lebendigen. Psalm 27, 13

Isaac Newton (1643–1727) gilt als einer der bedeutendsten Physiker, Mathematiker und Astronomen. Seine Forschungsarbeit hat ihn immer mehr von der Existenz Gottes überzeugt, die ihn zur Ehrfurcht und Anbetung Gottes getrieben hat.

Am Ende seines Lebens hat er bekannt: „Ich habe im Leben zwei wichtige Dinge kennengelernt: erstens, daß ich ein großer Sünder bin, und zweitens, daß Jesus Christus ein noch größerer Heiland ist."

Im Blick auf die Ewigkeit meinte er: Wenn wir einmal in den Himmel kommen, werden wir uns über dreierlei wundern:

1. daß viele dort sein werden, von denen wir es nicht geglaubt hätten,
2. daß viele nicht dort sein werden, die wir erwartet haben und
3. daß wir selber dort sein werden.

O laß die Wunder deiner Gnade
mir allerorten, Herr, vor Augen stehn,
daß ich auf meinem Pilgerpfade
nur dich und dein Erbarmen möge sehn,
bis deine treue, starke Jesushand
mich heimgebracht ins ewge Vaterland!

Gustav Knak

Deine Augen werden den König sehen in seiner Schönheit.

Jesaja 33, 17

Bis in sein 83. Lebensjahr diente Dr. W. Baedeker dem lebendigen Gott in harter und unermüdlicher Arbeit. Sein Leben hatte für ihn nur den Zweck, es für Gott zu leben. Gefahrvolle Reisen führten ihn achtzehn Jahre lang bis in den äußersten Osten Asiens.

Gott gab dem Mann mit dem brennenden Herzen ein weites Missionsfeld. Ob in Schlössern oder in Gefangenenlagern, überall bezeugte er Christus, den Gekreuzigten.

In seinen letzten Krankheitstagen kam es immer wieder über seine Lippen: „Ich werde den König sehen in seiner Schöne!“ Der Grabstein kündet, was seines Lebens Fundament und Ziel war:

Friedrich Wilhelm Baedeker, Dr. phil.
Er ging, den König zu sehen in seiner Schöne, errettet durch das teure Blut Jesu, am 9. Oktober 1906.

Und wenn der Herr von hinnen mich gerufen,
wenn ich von seinem Glanz geblendet steh,
anbetend niederfall zu seinen Stufen,
den König dort in seiner Schöne seh,
dann jauchzt das Herz dir, großer Herrscher, zu:
Wie groß bist du! Wie groß bist du!

Manfred von Glehn

Jesus Christus gestern und heute und derselbe auch in Ewigkeit. Hebräer 13, 8

Christus wird in Ewigkeit derselbe bleiben, der er gestern und heute gewesen ist. Er allein bleibt in Ewigkeit. Alle, auch die größten Menschen, vor denen die ganze Welt zittert, sind doch nur wie Meteore, die leuchtend aufsteigen, um dann wieder zu verlöschen. Aber nicht nur die Machthaber der Welt, wir alle haben nur eine kurze Zeit, in der wir wirken können. Auch von den vielen Menschen, die uns auf unserem Lebensweg begegnet sind, kann keiner bei uns bleiben. Wenn es mit uns zum Sterben geht, müssen sie uns allein lassen. Nur Einer bleibt dann noch bei uns, wenn die Welt hinter uns versinkt, Christus, der derselbe bleibt, der er gestern war, auch in Ewigkeit. Zu ihm allein dürfen wir sagen: „Wenn ich einmal soll scheiden, so scheide nicht von mir!“ Er geht mit uns über die Schwelle, die aus der Zeit in die Ewigkeit führt. Karl Heim

O wie bald kannst du es machen,
daß mit Lachen
unser Mund erfüllet sei!
Du kannst durch des Todes Türen
träumend führen
und machst uns auf einmal frei.

Johann Ludwig Konrad Allendorf

Quellennachweis zu den Texten

Chr. Belser Verlag, Stuttgart-Zürich,
Beate Paulus, Was eine Mutter kann, *Philipp Paulus*

Verlagsbuchhandlung Bethel, Hamburg
Briefmissionsreihe *D. H. Dolmann,* Der Herr ist mein Hirte

Brunnen-Verlag, Basel
Die Offenbarung Jesu Christi, *Johannes Schneider*
Das heilige Blut, *Jakob Vetter*

Brunnen-Verlag, Gießen
Karl Heim, Denker des Glaubens, *Friedrich Hauß*
Hudson Taylor, 1. u. 2. Band, *Dr. H. u. G. Taylor*

Brunnquell-Verlag, Metzingen
Allerlei am Weg, *Heinrich Kemner*
Erinnerungen und Erfahrungen, *Friedrich Hauß*
In Ihm ruht aller Freuden Fülle, *Helmut Lamparter*
Hilfe in Abendmahlsnot, *Hans Schönweiß*
Sie hat Gott vertraut: Cäcilie Petersen, *Wilhelm Schneider*
Es gibt einen lebendigen Gott, *Anny Hahn*
Im Heiligtum des Vaterunser, *Jakob Kroeker*
Das hörende Herz, *Heinrich Langenberg/E. Lubahn*
Jesus Christus anders als alle, *Hans Engelland*
Oberstdorfer Gespräche, *Hermann Dietzfelbinger*
In den Händen des Meisters, *Karl Heim*
Stille im Sturm, *Karl Heim*
Dennoch bleibe ich stets an dir, *Traugott Hahn*
Tröste uns wieder, *Hans Otto Wölber*
Erfahrungen mit dem Evangelium heute, *Georg Gründler*

Bundes-Verlag, Witten
(aus: Der Gärtner, Jahrgänge 1959–62

Christliche Verlagsanstalt, Konstanz
Dwight L. Moody, Vater der modernen Evangelisation, *John Pollock*

Deutsche Evangelische Buch- und Traktatgesellschaft, Berlin
Moses, der Knecht Gottes, *F. B. Meyer* (1905)

Hänssler Verlag, Neuhausen-Stuttgart
Wir suchen die zukünftige Stadt, *Johannes Roos*
Jesu Name – Liederbuch: Der Herr, mein Hirte (Lied)

Verlag Junge Gemeinde, Stuttgart
Menschen vor Gott, Band 1–4, Herausgegeben von *Alfred Ringwald*

Verlag der Liebenzeller Mission, Bad Liebenzell
F. W. Baedeker, Ein Weltreisender Gottes – Georg Müller, Vater für 10 000 Waisen, *Karl Weber*

Luther Verlag, Bielefeld
Der letzte Weg, *Helmut Ollesch*

Neukirchener Verlag des Erziehungsvereins GmbH, Neukirchen-Vluyn
Er heißt Wunderbar, *Wilhelm Hadorn*
Kapitel 1, Die Hirtentreue Gottes
Kapitel 2, Auf rechter Straße

Verlag Oncken, Wuppertal und Kassel
Aus der Schatzkammer Davids, *Charles Haddon Spurgeon*
(S. 18–27 zu Psalm 23)
Tauperlen und Goldstrahlen, *Charles Haddon Spurgeon*

Quell-Verlag, Stuttgart
Deine Rechte sind mein Lied, *Helmut Lamparter*
(Ps. 23, Schriftgrafik)

Verlag Lambert Schneider, Heidelberg
Das Buch der Preisungen (Psalmen). Verdeutscht von *Martin Buber*
(8. Aufl. 1975

J. F. Steinkopf Verlag, Stuttgart
Er ist unser Leben, *Martin Haug* (8. Auflage 1962)

Quellenangaben der verwandten Bibelübersetzungen

Die Bibel nach der Übersetzung Martin Luthers
Revidierter Text 1956/64
Württ. Bibelanstalt, Stuttgart

Die Heilige Schrift
Das Neue Testament und die Psalmen
Revidierte Elberfelder Übersetzung 1975
R. Brockhaus Verlag, Wuppertal

Quellenangaben zu den Liedversen

Evangelisches Kirchengesangbuch
Ausgabe für die Evangelische Landeskirche in Württemberg
Verlagskontor des
Evangelischen Kirchengesangbuches, Stuttgart

Gemeinschaftsliederbuch
Brunnen Verlag, Gießen

Reichslieder
G. Ihloff, Neumünster

Die täglichen Losungen der Brüdergemeine
Quell-Verlag, Stuttgart
(Bibeltexte und Liedverse von Arno Pötzsch)

Die Deutsche Bibliothek – CIP-Einheitsaufnahme

Er will dein Hirte sein : erfülltes Leben mit Psalm 23 / Helmut Sigle (Hg.). – Lahr : Verl. der Liebenzeller Mission, 1993
(Edition C : P, Präsente ; 86)
ISBN 3-88002-508-8
NE: Sigle, Helmut [Hrsg.]; Edition C / P

ISBN 3-88002-508-8

Edition C-Präsente 55686 (P 86)

Umschlagfoto, Umschlaggestaltung und Schriftgrafik:
Helmut Sigle, Korntal
Fotos innen: Helmut Sigle, Korntal
Satz: Setzerei Blaich, Straubenhardt 4
Herstellung: St.-Johannis-Druckerei,
7630 Lahr 11172/1993